Inga Bethke-Brenken • Günter Brenken

Mut zur Patchwork-Familie

So gelingt das neue Miteinander

Ernst Reinhardt Verlag München Basel

Inga Bethke-Brenken, Paar- und Familientherapeutin, Beratungslehrerin, Leitung der Abteilung Lehrertraining am Hamburger Landesinstitut für Lehrerbildung, und *Dr. Günter Brenken*, Wirtschaftsingenieur, Manager, Paar- und Familientherapeut, Supervisor, Dozent in der Erwachsenenbildung, leiten zusammen Seminare zu Themen wie Familien- und Paarberatung, Konflikttraining sowie Perspektiven im Ruhestand. Sie leben seit 26 Jahren in einer Patchwork-Familie mit zwei erwachsenen Kindern.
Von den Autoren außerdem im Ernst Reinhardt Verlag erhältlich:
„Aufbruch in den Ruhestand. Anleitung zum Gestalten und Genießen"
(ISBN 978-3-497-02150-5).

Bibliografische Information der Deutschen Nationalbibliothek

Die Deutsche Nationalbibliothek verzeichnet diese Publikation in der Deutschen Nationalbibliografie; detaillierte bibliografische Daten sind im Internet über <http://dnb.d-nb.de> abrufbar.

ISBN 978-3-497-02227-4 (Print)
ISBN 978-3-497-60025-0 (E-Book)

© 2011 by Ernst Reinhardt, GmbH & Co KG, Verlag, München

Dieses Werk, einschließlich aller seiner Teile, ist urheberrechtlich geschützt. Jede Verwertung außerhalb der engen Grenzen des Urheberrechtsgesetzes ist ohne schriftliche Zustimmung der Ernst Reinhardt GmbH & Co KG, München, unzulässig und strafbar. Das gilt insbesondere für Vervielfältigungen, Übersetzungen in andere Sprachen, Mikroverfilmungen und für die Einspeicherung und Verarbeitung in elektronischen Systemen.

Printed in Germany
Reihenkonzeption Umschlag: Oliver Linke, Augsburg
Covermotiv: © Infinite XX – Fotolia.com
Satz: Arnold & Domnick, Leipzig

Ernst Reinhardt Verlag, Kemnatenstr. 46, D-80639 München
Net: www.reinhardt-verlag.de E-Mail: info@reinhardt-verlag.de

Inhalt

Vorwort ... 7

1 Patchwork-Familien, eine besondere Form der Familiengemeinschaft ... 10
1.1 Ja, wir werden es schaffen! ... 10
1.2 Was ist das Neue an diesen Familien? ... 16
1.3 Von der Restfamilie zur Patchwork-Familie ... 19

2 Paar sein und Eltern werden ... 22
2.1 Welchen „Rucksack" bringen die Partner mit? ... 23
2.2 Verhalten der Partner in Stress-Situationen ... 29
2.3 Das Paar formt die neue Familie ... 34
2.4 Als Patchwork-Vater aufgenommen werden ... 43
2.5 Einbeziehen des außen lebenden Vaters ... 50
2.6 Vorschlag für einen Elternpakt ... 54
2.7 Kommunikation in der Patchwork-Familie ... 58

3 Die Kinder auf dem Weg in die neue Familie ... 66
3.1 Unterschiedliche Entwicklungsstufen der Kinder ... 66
3.2 Welchen Rucksack bringen die Kinder mit? ... 75
3.3 Sich einstellen auf die neue Familiensituation ... 77
3.4 Stolpersteine auf dem Weg der Kinder in die Patchwork-Familie ... 81
3.5 Kontakt der Kinder zum außen lebenden Vater ... 86

4 Entwicklungsphasen einer Patchwork-Familie ... 93
4.1 Kennenlernen und Eingewöhnen (Forming-Phase) ... 94
4.2 Konflikte wahrnehmen und akzeptieren (Storming-Phase) ... 98

4.3 Verabredungen treffen und einhalten
(Norming-Phase) 111
4.4 Vertrauen und Zusammenhalt erleben
(Performing-Phase) 116
4.5 Ablösung und Trennung (Separating-Phase) 119
4.6 Wenn Schwierigkeiten wachsen 121

5 Komplexe Patchwork-Familien – größere Herausforderungen 124
5.1 Kinder des Patchwork-Vaters kommen zu Besuch 125
5.2 Geburt eines Kindes in der Patchwork-Familie 129
5.3 Der außen lebende Vater erwartet ein Kind 130
5.4 Zwei Restfamilien ziehen zusammen 133
5.5 Kontakte zwischen Geschwistern
verschiedener Herkunft 139
5.6 Die Patchwork-Mutter wird nicht anerkannt 139
5.7 Großeltern leiden mit 141
5.8 Gemeinsames Wohnen planen 142

6 Für eine stärkende Stimmung sorgen 146
6.1 Das Konzept der Resilienz 146
6.2 Uns selbst und unsere Umwelt akzeptieren 150
6.3 Eine optimistische Lebenseinstellung bewahren 154
6.4 Lösungen für eine verbesserte Lebensweise finden 156
6.5 Soziale Bindungen pflegen 159

7 Mut zur Patchwork-Familie 161

Literatur 163
Internetadressen 166
Sachregister 167

Vorwort

Patchwork-Arbeiten bestehen aus vielen einzelnen Flicken. Sie werden zu einem Ganzen durch das Zusammenfügen dieser Flicken. Oft unscheinbare Nähte geben den Halt. Genauso wie in der Patchwork-Familie. Wer näht? Die Eltern werden dies tun, vorsichtig und doch wirkungsvoll, optimistisch mit Akzeptanz der gegebenen Umstände. Das ist nicht ganz einfach, aber machbar. Stolpersteine tauchen auf. Der Hinweis darauf soll nicht dazu führen, dass Patchwork-Eltern zu Bedenkenträgern werden, sondern fordert sie zu Achtsamkeit bei ihrem persönlichen Handeln auf. Gewinnen Sie Zuversicht und Tatkraft für die Erfüllung Ihres neuen Lebensziels, eine Patchwork-Familie aufzubauen.

Wir Autoren haben es auch geschafft, Höhen und Tiefen zum Trotz. Die gemeinsame Familientherapieausbildung hat uns über manche Stolpersteine gehoben. Sie ist zugleich durch die Zusammenarbeit in Beratungen und Kursen ein wichtiger Teil unserer Gemeinsamkeit geworden.

Unsere Sichtweise auf das Gelingen von Patchwork-Familien ist geprägt von der integrativen, systemischen Paar- und Familientherapie – über fünf Jahre vermittelt von Professor Kirschenbaum, USA, und seinem deutschen Team. Ergänzt wurde diese Ausbildung durch eine intensive Einführung in die Denk- und Arbeitsweise der lösungsorientierten Kurzzeittherapie durch Professor de Shazer und seine Frau Insoo Kim Berg, USA. Beide Therapieformen setzen auf die zügige Lösung von Problemen bei gleichzeitiger Stärkung der persönlichen Ressourcen und Befindlichkeit. Damit ist unser Buch positiv auf die Bewältigung der manchmal komplexen Probleme einer Patchwork-Familie ausgerichtet: Resilientes Denken und Verhalten unterstützt diesen Prozess, setzt auf Akzeptanz der persönlichen Lebensumstände und ist verbunden mit realistischem Optimismus zur Lösung der familiären Fragen. Beides, Akzeptanz und Optimismus, sollen die verunsicherten Kinder in die neue Patchwork-Familie begleiten.

Diese Sichtweise versuchen wir vor allem Patchwork-Eltern als Vorbilder der Kinder zu vermitteln. Denn sie sind in hohem Maße verantwortlich für die Prägung des Familienlebens. Insbesondere beeinflussen sie die Stimmung unter den Familienmitgliedern. Das gilt nicht nur für den Umgang mit den Verlustängsten direkt nach der Trennung, sondern auch für ermutigende Aktivitäten ausgerichtet auf die neue Familienzukunft. Mit der Entscheidung für eine Patchwork-Familie übernehmen Eltern gleichzeitig besondere Verantwortung für das Gelingen dieser Familienform im Interesse eines persönlichen Wachstums ihrer Kinder. Durch einen Erziehungsstil, der die Kinder als Individuen ernst nimmt, der ihnen Mitsprache einräumt und Jugendliche als gleichberechtigt ansieht.

Wir schreiben dieses Buch für Betroffene, aber auch für Berater, die regelmäßig mit diesen Themen in Kontakt kommen. Das Buch soll die Besonderheiten von Patchwork-Familien mit ihrer Dynamik wiedergeben. Wir haben den pragmatischen Teil des Alltagslebens dieser Familien untersucht und Ideen für die Weiterentwicklung als Rüstzeug zur Orientierung gefunden.

Die Dynamik in der Patchwork-Familie wird von drei Seiten betrachtet: Das Funktionieren des Zusammenspiels der beteiligten Rollen und ihrer Tücken ist Thema in den Kapiteln 2, 3 und 5. In Kapitel 4 wird die wechselhafte Entwicklung von Patchwork-Familien in fünf Phasen vorgestellt. Und schließlich werden vier Grundhaltungen empfohlen, um die Stimmung in der Familie aufzuhellen. Ergänzend sind Anregungen und Übungen als Stichwortgeber in den Text eingefügt, damit Betroffene Auswege aus verworrenen Situationen finden können.

Wir wurden von Klienten, von durch Trennung betroffene Freunde und Bekannte beim Schreiben unseres Buches unterstützt. Aus zahlreichen Patchwork-Familien erhielten wir Ideen und konnten Beispiele sammeln, die von uns allerdings anonymisiert wurden. Wir erfuhren, wie schwierige Situationen gemeinsam gemeistert wurden und neue Perspektiven entwickelt werden konnten. Dankbar sind wir für ermutigende Empfehlungen, die uns von Patchwork-Paaren gegeben wurden und die wir hinten veröffentlichen.

Besonders herzlich möchten wir Thyra Stodollik danken, die als Paar- und Familienberaterin zahlreiche Hinweise zum Text gegeben und uns wohlwollend kritisch begleitet hat. Schließlich wurden wir wieder von unserer Lektorin, Frau Landersdorfer, sehr umsichtig betreut.

Inga Bethke-Brenken und Günter Brenken
Hamburg, September 2011

1 Patchwork-Familien, eine besondere Form der Familiengemeinschaft

1.1 Ja, wir werden es schaffen!

„Ich bin frisch verliebt, alles ist so aufregend, ich fühle mich energiegeladen wie in früheren Zeiten!" schwärmt eine junge, alleinerziehende Mutter. Gleichzeitig ist sie verunsichert: „Was werden meine Kinder dazu sagen? Ob sie meinen neuen Freund mögen? Werden sie sich mit meinem Partner anfreunden können? Werden sie ihn sogar als Vater akzeptieren?" Mütterliche Sehnsüchte und Befürchtungen bestimmen die Startbereitschaft in die Familienkonstellation der Patchwork-Familie.

Der neue Partner weiß nicht so recht: „Ich bin vernarrt in diese Frau, aber werden mich die Kinder als Vater annehmen? Will ich überhaupt mit Kindern leben? Soll ich es wagen, mit Frau und Kindern zusammenzuziehen?"

Nicht nur Freude über die neue Liebe zueinander, sondern auch Skepsis begleitet dieses frisch verliebte Paar. Ihr Verhältnis ist sicherlich anders als das zu Beginn einer unbeschwerten, kinderlosen Paarbeziehung. In Patchwork-Familien spürt jeder Partner die problematische familiäre Vergangenheit des anderen mit der nervigen Trennung, mit den enttäuschten Kindern und mit dem „bösen" Expartner bzw. außen lebenden Vater.

Und was wird der leibliche Vater denken, der als Expartner und Teil der Erstfamilie im Hintergrund bleibt? „Schön, dass meine Ex jemanden gefunden hat, das wird unseren Umgang mit den Kindern erleichtern!" Es könnte aber auch anders sein: „Muss sie die Kinder noch durch einen neuen Lebensgefährten irritieren? Wird er überhaupt die ganze Familiensituation mittragen? Werde ich ihn als Konkurrenten in meiner Vaterrolle empfinden?"

Schließlich gehören noch Großeltern zur Familie: „Hoffentlich ist das eine Entlastung für unsere Tochter / Schwiegertochter und vielleicht auch für uns!" Oder aber auch: „Nach den Wirren von Trennung und Scheidung wäre es besser, wenn erstmal Ruhe in der Familie einkehrt. Wieso konfrontiert die Mutter diese armen Kinder jetzt noch mit einem neuen Mann?"

Das sind unkalkulierbare Signale. Viele Alleinerziehende belassen es deswegen lieber bei ihrer Familienkonstellation als „Restfamilie". Andere ziehen trotzdem die Gründung einer Patchwork-Familie vor. Ihnen mag es darum gehen, einen Partner zur Seite zu haben, der bei Schwierigkeiten und Tiefen in der Familie unterstützend wirkt, der Verlässlichkeit garantiert. Der ein Männervorbild sein könnte, der den Kindern zusammen mit der Partnerin ein Vorbild für Partnerschaft bietet und mit allen gemeinsame Freuden und Leiden teilt.

» Aufbruch in die Patchwork-Familie

„Wir werden das schon schaffen", sagen sich viele Alleinerziehende. „Den Streit und das Chaos in der Vergangenheit haben wir gut überstanden, jetzt trauen wir uns zu, wieder eine echte Familie zu werden." Aber ganz so einfach wird es nicht gehen. Es reicht nicht aus, wenn die Mutter denkt: „Ich bin ja schon erfahren und weiß, wie eine Familie funktioniert." Vielleicht sagt sich der neue Partner: „Ich hab ja schließlich auch in einer Familie gelebt – als Sohn meiner Eltern. Ich weiß, wie ich ein guter Familienvater werden kann." Doch die gesellschaftliche Realität ist erschreckend: Über die Hälfte der Patchwork-Paare trennen sich wieder. Unabhängig von dem Trennungsschmerz der Erwachsenen fühlen sich die betroffenen Kinder dann erneut einer Verunsicherung und weiteren Trennungserfahrung ausgesetzt.

Wieso scheitert die Mehrheit solcher neu zusammengesetzten Familien? Die meisten Paare meinen, dass das Leben in einer Patchwork-Familie dem in einer üblichen Erstfamilie entspreche. Vieles ist sicher gleich oder ähnlich: die Unterstützung der Kinder, deren Erziehung, die Verlässlichkeit der Eltern. Doch jetzt gelten besondere Bedingungen: Durch den plötzlichen Eintritt des Patchwork-Vaters in die Restfamilie entsteht eine völlig neue Situation. Die Kinder sind überrascht, sie befürchten eine Konkurrenz zum Vater. Der Partner der Mutter soll jetzt zu einer Familie gehören, die für sich inzwischen funktioniert. Wird er aufgenommen werden? Persönliche Initiative und Überzeugungsarbeit der Mutter werden erforderlich sein.

Der Prozess des Aufbaus einer üblichen, „normalen" Familie zieht sich in der Regel über mehrere Jahre hin. Jetzt in der Patchwork-Familie passiert fast alles auf einmal: Es entfallen die Flitterwochen für das Paar, weil sie sofort als Eltern gefordert sind. Die Rollen in der Familie sind plötzlich unklar, es gibt Widerstände gegen mögliche Veränderungen: Darf der neue Vater, der Patchwork-Vater, überhaupt in die Erziehung eingreifen? Sehen die Großeltern jetzt die Enkel weiterhin regelmäßig? Und nicht zuletzt fragt sich der leibliche Vater, ob er in dieser neuen Familie noch gebraucht wird oder ob sich die Kinder ihm langsam entziehen werden.

Intensive Kontakte werden erforderlich: Mit den Kindern muss über die Rolle des neuen Partners der Mutter gesprochen werden. Inwieweit soll er auch eine Erzieherrolle übernehmen? Sie müssen Erfahrungen mit ihm sammeln: Welche besonderen Qualitäten bringt er mit? Wie soll der bisherige Kontakt zum leiblichen Vater weitergeführt werden? Wie lässt sich eine konfliktfreie Kommunikation zwischen den Expartnern ermöglichen? Wie viel Zeit bleibt dem Patchwork-Paar, seine Liebe zu pflegen?

» Wir wissen, es ist zu schaffen

Hier ein Beispiel für besondere Herausforderungen:

Wir haben eine Patchwork-Familie begleitet, die zu scheitern drohte. Anlass für unsere Beratung war, dass der älteste Sohn (11 Jahre alt) ständig nachts einnässte. Die ersten Beratungsgespräche fanden im Wohnzimmer der Familie statt. Anwesend waren die Mutter Helga, der Patchwork-Vater Helmut und der Sohn bzw. Klient Kai sowie das gemeinsame Baby der Patchwork-Eltern, Tochter Lena. Die Eltern erzählten unverblümt von Höhen und Tiefen ihres familiären Zusammenlebens. Kai trug dazu auch bei, insbesondere berichtete er über seine regelmäßigen, guten Kontakte zu seinem leiblichen Vater und seine interessanten Unternehmungen mit den neuen

Eltern. Wir hatten das Gefühl, dass er seinen Patchwork-Vater als Freund und Helfer anerkennen konnte. Auffällig waren zwei Dinge:

1. *Der Patchwork-Vater Helmut wurde bei Streit zwischen dem Paar häufiger von der Mutter für mehrere Tage in seine alte Wohnung verbannt.*
2. *Das Paar hatte in der engen Wohnung und mit dem ständig laufenden Fernseher nur sehr begrenzt Raum für den Austausch persönlicher Erlebnisse oder Aussprachen.*

Nachdem wir mit Kai ein paar Maßnahmen zur Kontrolle seiner Einnässzeiten verabredet hatten, besprachen wir ab der dritten Sitzung die oben genannten Auffälligkeiten von Kai allein mit dem Paar. Wir erörterten Lösungsmöglichkeiten für weniger Streit und besseres Miteinander-Reden der Eltern. Wir deuteten an, dass Kai in der neuen Familiensituation sicherlich gestärkt würde, wenn er sie beide in ihrer Partnerschaft konfliktfreier erleben könnte. Dann wäre die Gefahr gebannt, dass alte Trennungsängste wieder aufleben. Das Paar schlug vor, dass es sich einmal wöchentlich zu einem gemeinsamen Abend in der benachbarten Pizzeria treffen könnte, um ungestört Zeit allein für sich zu verbringen. Kai würde voraussichtlich bereit sein, an diesen Abenden auf das Baby aufzupassen.

Der Erfolg zeigte sich bald: In der sechsten Sitzung (also zehn Wochen später) berichteten die Erwachsenen übereinstimmend, dass Kai inzwischen nicht mehr einnässte. Sie selbst könnten geduldiger miteinander reden und sich abstimmen. Die Treffen in der Pizzeria wären reine Erholung. Nach zwei weiteren Beratungssitzungen erfuhren wir, dass die Patchwork-Eltern inzwischen in der Familie deutlich gelassener und vertrauensvoller zusammenlebten. Sie teilten uns ihren mutigen Entschluss mit, heiraten zu wollen.

Wir haben bewusst ein Beispiel für die Weiterentwicklung der Partnerschaft gewählt: Der nachts einnässende Sohn reagierte erstaunlich schnell auf die veränderte Familienatmosphäre, auf die harmonischere Partnerschaft, er spürte plötzlich eine neue für ihn notwendige Nestwärme.

Sie sehen, Probleme lassen sich lösen. Dafür brauchen alle Beteiligten Geduld. Voneinander Lernen ist angesagt, insbesondere werden auch die Eltern von den Kindern lernen.

» Die Patchwork-Familie: Personen und Begriffe

Wir wollen uns schließlich noch mit dem Begriff Stieffamilie, Stiefmutter, Stiefvater auseinandersetzen. Die Vorsilbe „Stief-" ist belastet. Ob sie einmal einen positiven und vertrauten Beiklang annimmt oder ein weniger belastender Begriff sich durchsetzen wird, ist offen. „Stief-" ist verwandt mit dem englischen „step", was beraubt, verwaist, abgestumpft bedeutet, es wird in unserer Gesellschaft mit „vernachlässigt" übersetzt. Auseinandersetzungen, Verlust, Trauer scheinen eine Stieffamilie zu prägen (Krähenbühl et al. 2007, 86f). Negative Assoziationen wie böse, lieblos, ungerecht, hart, falsch werden verstärkt durch das grausame Bild der Stiefmutter in Märchen, in denen Flucht als einziger Ausweg erscheint:

- Schneewittchen hatte es nach dem Tod ihrer Mutter mit einer Stiefmutter zu tun, die ihr nach dem Leben trachtete.
- Aschenputtels Mutter verstarb sehr früh, sie wurde von Stiefmutter und Stiefschwestern unwürdig behandelt.
- Hänsel und Gretel werden von beiden Eltern, nicht nur von der bösen Stiefmutter allein, in den Wald gedrängt, damit sie verschwinden und verhungern.

Anders werden die Begriffe Stiefmutter und Stiefvater in Frankreich benutzt: Dort geht es um „belle mère" (wörtl. „schöne" Mutter) oder „beau père" (wörtl. „schöner" Vater), um positiv besetzte Bilder.

Ermutigung und Optimismus, eine Stieffamilie aufzubauen, verbreitet ausnahmsweise der alte Hollywoodfilm „Hausboot": In diesem gewinnt ein verwitweter Vater mit seinen zwei Söhnen und seiner Tochter eine Frau dazu, die neue Mutter zu werden. Die Vier heißen sie fröhlich in ihrer Runde willkommen.

In unseren Befragungen wehrten sich alle 35 Patchwork-Eltern gegen die Begriffe Stieffamilie, Stiefmutter und Stiefvater. Sie lehnen die Bezeichnungen ab, weil sie darin einen negativen Beiklang hören. Denn sie haben positiv erlebt, wie eine neue Familie entstehen kann und wollen diese Erfahrung nicht mit einer negativen Assoziation verbinden. Wir haben uns deshalb zur Benutzung folgender Namen entschieden:

- *Patchwork-Familie:* Uns ist der Begriff Patchwork-Familie vertrauter und angenehmer als „Stieffamilie". Er trifft auch die heutige Situation mit den vielfältig zusammengesetzten Familienformen genauer. Mit „Patchwork" verbindet man etwas Zusammengewürfeltes, gern etwas Buntes, sei es ein Flickenteppich oder eine originelle Decke. Die Aussicht auf Erneuerung, Besonderheit und Wärme sind unsere Assoziationen. Und nicht zuletzt ist dieser Begriff inzwischen in unserer Gesellschaft üblich und bekannt.
- Die ursprüngliche Familie wird *Erstfamilie* oder *Kernfamilie* genannt, die aus der Trennung hervorgehende Familie wird als *Restfamilie* bezeichnet.
- *Patchwork-Eltern oder Patchwork-Paar:* Damit werden die früher alleinerziehende Mutter oder der alleinerziehende Vater mit ihrem neuen Partner/mit seiner neuen Partnerin in der Patchwork-Familie bezeichnet. Wir machen keinen Unterschied, ob das Paar verheiratet oder unverheiratet zusammenlebt.
- *Leibliche Eltern:* Hier meinen wir das getrennte bzw. geschiedene Paar der Erstfamilie. Wir sprechen bei der von uns später vorgestellten Modellfamilie von der Mutter und dem außen lebenden Vater als den erziehungsberechtigten Eltern.
- *Stiefvater und Stiefmutter:* Diese Begriffe wurden bei unseren Interviews für den alltäglichen Sprachgebrauch besonders engagiert abgelehnt. Stattdessen werden Bezeichnungen wie *Patchwork-Vater* oder *Patchwork-Mutter, sozialer Vater* oder *soziale Mutter* oder seltener *Co-Vater/Co-Mutter* oder *Zweitvater/Zweitmutter* benutzt. Üblich ist in vielen Familien, dass diese Personen mit ihrem Vornamen angeredet werden. Wir haben uns entschieden, im Text die Begriffe Patchwork-Vater oder Patchwork-Mutter oder auch ihre Ersatzbegriffe zu verwenden.

Die Bezeichnungen Stiefvater/-mutter werden nur in Sonderfällen benutzt.
- Die Frau oder Freundin des außen lebenden Vaters nennen wir nicht Stiefmutter. Sie hat keine mütterlich verantwortliche Beziehung zu den Kindern, sie ist Teil der neuen Familie des außen lebenden Vaters, insofern gehört sie nicht zur Patchwork-Familie der Kinder.
- Die in der Patchwork-Familie lebenden Kinder werden als Kinder bezeichnet. Die außen lebenden Kinder des Patchwork-Vaters oder der Patchwork-Mutter nennen wir *Gastkinder*.
- *Patchwork-Großeltern:* Wir bezeichnen damit die Eltern der Patchwork-Mutter oder des Patchwork-Vaters.

1.2 Was ist das Neue an diesen Familien?

Die einfachste Patchwork-Familienform und zugleich die häufigste Variante ist das Zusammengehen einer Restfamilie bestehend aus Mutter und ihren Kindern mit einem bisher allein lebenden oder geschiedenen Mann ohne Kinder. Das in Abbildung 1 dargestellte Strukturschema soll die Vernetzung der einzelnen Familienmitglieder verdeutlichen. Es wird unterschieden zwischen Partner- und Elternebene. Beim getrennt lebenden Paar besteht die Verbindung also nur noch über die Elternebene zu den Kindern. Die Anbindung des Patchwork-Vaters an die Kinder ist gestrichelt gezeichnet, weil er keine vollkommene Elternfunktion hat.

Wir werden unsere Darstellung erst einmal auf diesen engeren Personenkreis beschränken, um die typischen Themen und grundlegenden Probleme, die Patchwork-Familien berühren, gezielter zum Ausdruck bringen zu können. Zu unserem „Modell" einer einfachen Patchwork-Familie gehören dementsprechend

1. die geschiedene oder alleinerziehende Mutter, die die soziale Fürsorge für die Kinder hat,
2. der Patchwork-Vater, dessen erste Beziehung auseinandergegangen ist und der als Lebensgefährte der Mutter zu seiner neuen Rolle ernannt wird,

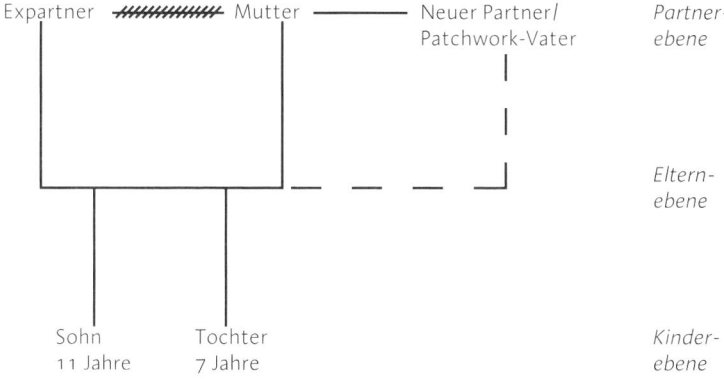

Abb. 1: Struktur einer einfachen Patchwork-Familie

3. die Kinder der Mutter aus erster Beziehung oder Ehe, die mit beiden zusammenleben. Der Sohn ist elf Jahre alt, die Tochter sieben,
4. der leibliche Vater, der außen lebt, einen mehr oder weniger regelmäßigen Kontakt zu den Kindern pflegt und mit einer neuen Partnerin zusammenwohnt. Er ist als erziehungsberechtigter Vater der Kinder noch mit der Patchwork-Familie verbunden.

Es gibt weitere vielfältige Konstruktionen von Patchwork-Familien. Eine Variante ist das Zusammengehen von zwei Restfamilien, wie in Abbildung 2 dargestellt (später auch als Abb. 9).

Noch verwirrender wird es, wenn der Patchwork-Vater aus einer früheren Beziehung ein Kind hat, das aber in einer anderen Patchwork-Familie lebt. Verwirrender wird es deswegen, weil der Kreis der Verwandten, die sich um diese Patchwork-Familie schart, immer größer und unübersichtlicher wird. Es fragt sich, ob dieser weitläufige Personenkreis noch als Verwandtschaft im Sinne der traditionellen Familie bezeichnet werden kann. Auf diese komplexen Patchwork-Familien werden wir in Kapitel 5 näher eingehen.

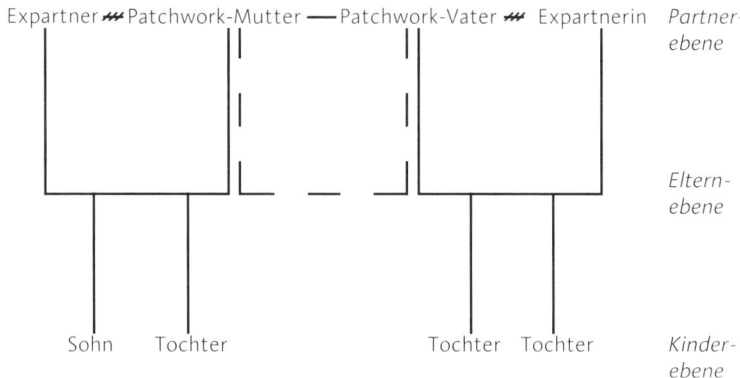

Abb. 2: Zwei Restfamilien werden zu einer Patchwork-Familie

Jeder von uns hat Vorstellungen, wie „normale" Familien funktionieren. Was genau ist das Besondere an Patchwork-Familien? Klar ist:

- Die Mitglieder der Restfamilie (also nach Auszug des Expartners) haben das Auseinanderbrechen einer Partnerschaft und eine Veränderung der Eltern-Kind-Beziehung durchgemacht. Sie mussten eine zweite Familienkonstellation erfahren. Sie sollen nun eine dritte Familienform, die Patchwork-Familie, erleben. (Der Verlust eines Elternteils durch Tod sprengt den Rahmen unseres Buches, die Themen und Probleme sind aber weitgehend identisch.)
- Der Vater der Kinder wohnt inzwischen außerhalb der Patchwork-Familie.
- Die Beziehungen der Mitglieder der Restfamilie untereinander sind älter als die gegenwärtige Paarbeziehung.
- Die Kinder haben sich den Patchwork-Vater nicht ausgesucht.
- Der für die Kinder noch fremde Besucher soll aus Sicht der Mutter ein geschätzter sozialer Vater werden.
- Der Patchwork-Vater bringt ein anderes Verhalten und unterschiedliche Familienregeln mit, als der Expartner bzw. der leibliche Vater sie verkörperte.

Und nicht zuletzt führte immer ein Zerwürfnis des Elternpaares zur Trennung und damit zu einer Krise, die die Kinder ebenso betrifft wie ihre Eltern. Gefühle von Trauer und Alleingelassensein, von Verraten- und Verletztwerden empfinden die Kinder sicher ähnlich den Gefühlen der Mutter. Die räumliche Trennung vom leiblichen Vater und seine Besuche bei ihm schmerzen wie eine offene Wunde, weil die wieder aufflammenden Hoffnungen der Kinder auf eine erneute Annäherung der Eltern ständig enttäuscht werden. Wichtig ist wahrzunehmen, dass sich in der Patchwork-Familie drei zeitlich unterschiedliche Vorstellungen von Familie kreuzen:

- Die Kinder wollen in der Vergangenheit verharren, sie wünschen sich ihren Vater zurück oder zumindest die kleinere Restfamilie.
- Die Mutter will von der Vergangenheit loskommen und steht für die Gegenwart als Alleinerziehende und für die Zukunft als Patchwork-Familie.
- Und der neue Patchwork-Vater denkt an die Zukunft dieser Familie, daran, dass er eine Familie gewinnt.

Für jeden lässt sich Verständnis aufbringen, jede Wunschvorstellung ist für sich genommen berechtigt. Kinder, Mutter und Patchwork-Vater unterscheiden sich in ihren Phantasien, wie Familie sein oder werden soll. Jede einzelne Vorstellung ist von entsprechenden Gefühlen und unterschiedlichem Verhalten gegenüber den einzelnen Familienmitgliedern begleitet.

1.3 Von der Restfamilie zur Patchwork-Familie

Wie jede Erstfamilie macht die Patchwork-Familie Schritt für Schritt eine Entwicklung in ihren zwischenmenschlichen Beziehungen durch. Das bezieht sich nicht allein auf den Patchwork-Vater, ebenso wächst die Restfamilie in die Familie des neuen Partners hinein. Alle mit der Familie eng verbundenen Verwandten geraten in eine neue mehr oder weniger enge Beziehung zueinander, was auch den außen lebenden Vater einbezieht. Der

Kern der Familie macht eine Entwicklung durch, die wir in verschiedene Phasen unterteilen werden.

Bevor die Patchwork-Familie jedoch durch gemeinsames Zusammenwohnen startet, werden wir erst einmal zwei besondere Vorphasen betrachten: Zunächst die Zeit der Restfamilie (alleinerziehende Mutter mit den Kindern) und danach die Kennenlern- und Prüfungsphase des Paares.

» Phase der Restfamilie

Nach der Trennung tritt für die Restfamilie nach anfänglicher Trauer oder Verzweiflung langsam Erleichterung ein, weil der tägliche Streit oder die unerträgliche Stimmung in den Hintergrund getreten oder ganz verschwunden ist. Die alleinerziehende Mutter muss sich mit ihrer neuen Situation arrangieren, sie wird sich jetzt auf die Betreuung der Kinder konzentrieren. Die Traurigkeit über den Verlust der Erstfamilie verblasst mehr und mehr. Die Mutter hat trotz ihrer Verletzungen die Kraft gefunden, den Kindern ein neues Zuhausegefühl zu verschaffen. Sie musste das Verlassensein und Entsetzen der Kinder über den Verlust des Vaters und den Zusammenbruch der Familie auffangen. Mit Standfestigkeit, Energie und Mut hat sie für neuen Zusammenhalt gesorgt, den Kindern Unterstützung und Zuwendung gegeben und auch den Kontakt zum Vater aufrechterhalten. Langsam wurde ihre neue Verantwortung Routine. Die bisherigen Familiengewohnheiten führte sie fort, um den Kindern Verunsicherung zu nehmen. Die Kinder besuchen an zwei Wochenenden im Monat den Vater, die Mutter nutzt die Zeit ihrer Abwesenheit zur Entspannung oder für Kontakte im Freundeskreis. Ihr steht möglicherweise noch Ärger über die Scheidung oder die Finanzbeteiligung des Expartners bevor, aber der direkte Streit ist aus der Familie selbst ausgelagert.

Irgendwann nach der Konsolidierung der Restfamilie und einer Beruhigung der Atmosphäre wird es darum gehen, wie die Alleinerziehende das weitere Familienleben gestalten will. Damit taucht die Frage auf, ob sie sich wieder mit einem neuen Partner zusammenschließen könnte. Und plötzlich verliebt sie sich. Er ist alleinstehend, geschieden und hat keine Kinder.

» Kennenlern- und Prüfungsphase

Während die Kinder in einem Teil der alten Kernfamilie mit ihrer Mutter leben und regelmäßig ihren Vater besuchen, beginnt die Mutter, ihre Beziehung zu ihrem neuen Partner zu intensivieren. Sie will keine Verunsicherung der Kinder provozieren und trifft sich anfangs außerhalb ihrer Wohnung. Erst wenn die Gewissheit besteht, dass die neue Liebe in eine beständige Partnerschaft verwandelt werden kann, findet eine vorsichtige Begegnung mit den Kindern statt, kurze Kontakte, Ausflüge, ab und an ein gemeinsames Abendessen.

Wie aber kann das Paar Sicherheit gewinnen, ob sich beide auf eine beständige Partnerschaft und zukünftig auf die Elternschaft in einer Patchwork-Familie einlassen wollen?

2 Paar sein und Eltern werden

Die neuen Partner sind miteinander vertrauter geworden. Viel Zeit zum Kennenlernen hat es nicht gegeben im Vergleich zu ihrer vorherigen Beziehung. Er kann als Single lockerer mit seinen Terminen umgehen, sie ist eingespannt mit den Kindern, die versorgt werden wollen. Sorgfältig müssen Verabredungen geplant werden, wer passt auf die Kinder auf? Flexibilität und Toleranz sind gefordert, Frust muss ausgehalten werden, wenn mal eine Verabredung ausfällt wegen Krankheit eines Kindes oder weil die Oma abgesagt hat. Das sind Begleiterscheinungen auf dem Weg zu intensiver Partnerschaft und Patchwork-Familie. Zwei wichtige Ziele wird das Paar als Gründer einer Patchwork-Familie miteinander vereinen müssen: Die Partner selbst wollen als Paar zusammenleben und gleichzeitig ihre Rolle als gemeinsam erziehende Eltern erproben. Das eine geht nicht ohne das andere, darüber muss sich insbesondere der neue Partner im Klaren sein.

Beide Partner bringen ihre Geschichte mit. Wie können sie es schaffen, schmerzliche Erlebnisse nicht zu wiederholen? Wie werden sie ein nochmaliges Scheitern der Paarbeziehung verhindern? Im Folgenden sehen wir erst einmal in die Vergangenheit der Partner und dann nach vorn. Der Blick zurück ist nützlich, um alte Verletzungen und Empfindlichkeiten kennenzulernen, damit geheilte Wunden nicht wieder aufgerissen werden. Dieses Wissen gibt beiden Partnern die Chance, den anderen mit seinen Empfindsamkeiten wahrzunehmen und akzeptieren zu lernen.

Wir empfehlen, sich schon am Anfang der neuen Partnerschaft, wenn die Stimmung leicht und beschwingt und damit die Toleranz am größten ist, gegenseitig auf besondere Auffälligkeiten im Verhalten aufmerksam zu machen. Das schafft Mut, auch bei späterem Ärger seine Wünsche in annehmbarer Weise vorzutragen. Es verhindert auch, dass vorgefasste Meinungen eines Partners unangetastet bleiben. Mangelnde Kommunikation über Wünsche an den anderen führt gerade bei Paaren, die sich erst kurz kennen, zu späteren Konflikten.

Klug zu verhandeln anstatt herumzunörgeln, Bitten zu formulieren: „Ich freue mich, wenn du... änderst, weil ich mit der Situation Schwierigkeiten habe" – in dem Bewusstsein gesprochen, dass der Partner den Wunsch vielleicht nicht erfüllen, aber ein anderes Angebot machen kann (auf Verhandlungstechniken werden wir genauer eingehen in Kap. 4.3, Norming-Phase). Jedenfalls kann sich so ein Spielraum für Kompromisse ergeben. Das setzt voraus, dass jeder die Meinung des anderen würdigt und kontroverse Auffassungen als Anstoß für neue Überlegungen schätzt.

2.1 Welchen „Rucksack" bringen die Partner mit?

Das Paar kommt mit unterschiedlichen Erfahrungen über das Thema Partnerschaft zusammen. Beide haben ein Scheitern ihrer ersten Beziehung erlebt. Mit der Trennung hängen Verletzungen zusammen, die insbesondere denjenigen hart getroffen haben, der ungewollt die Trennung erleben musste. Es ist die Enttäuschung über den Sinneswandel eines sehr nahen Menschen. Die Trennung kann aber auch eine Befreiung von Demütigungen sein, die sich die Beteiligten vielleicht gegenseitig zugefügt haben. Eine tiefe Verunsicherung wird in jedem Fall die Folge sein: „Kann ich jemals wieder einem Partner trauen?" Die Narben, die die Trennung hinterlassen hat, verschwinden selten ganz. Wie konnte es dazu kommen, dass die Beziehung gescheitert ist?

> Fragen zur Rückbesinnung auf das Scheitern der Beziehung
>
> - Hat sie vielleicht zu viel kritisiert und gejammert, weil sie sich mit den Kindern alleingelassen fühlte?
> - Hat der Expartner auf „Durchzug" geschaltet und sich in Berufliches zurückgezogen, um den Nörgeleien seiner Partnerin zu entgehen?
> - Hat sie ihre Ohren verschlossen für seine Themen, war sie dauernd abgespannt und müde?

- Haben beide versäumt, die Kinder so zu versorgen, dass Zeit für eine Gemeinsamkeit zu zweit geschaffen werden konnte?
- Wenn sie sich an ihren Exmann erinnert: Hat sie zu wenig Verständnis für seine Sorgen am Arbeitsplatz gezeigt?
- Musste er in der Paarbeziehung Zärtlichkeit vermissen? Hat er sie überhaupt eingefordert?
- Fehlte Zeit und Muße für Sexualität? Ist das der Grund, warum er sich einer anderen Frau zugewandt hat?
- Wie hatte der neue Partner seinen Kinderwunsch ausgedrückt, um eine echte Familie zu werden?
- Wodurch wurde ihm der Wunsch versagt?
- Wie ist er mit seiner Enttäuschung umgegangen?
- Traute er sich, seine Bedürfnisse auszudrücken? Kannte er sie überhaupt?

Unerfüllte Erwartungen und Sehnsüchte hatten beim neuen Partner zu Rückzug und Abstumpfung geführt. Nun ist die alte Beziehung zerrissen. Da ihn keine Kinder mit seiner Expartnerin verbinden, konnte er sicher leichter als seine geliebte neue Frau die alte Partnerschaft ablegen. Jeder der beiden Partner hat in seiner ersten Paarbeziehung wahrscheinlich das Beste gewollt. Vielleicht hat einer der Partner mit märchenhaften Träumen über Partnerschaft gelebt, die nicht der Realität entsprechen konnten, vielleicht wurde ein Prinz oder eine Prinzessin gesucht und dann folgte ein böses Erwachen?

Wenn der Ärger aus der ersten Ehe allmählich abgeflaut ist, sollten die neuen Partner sich gegenseitig anvertrauen: Was ist es gewesen, das zur Trennung geführt hat? Wie können sie Wiederholungen vermeiden? Auch die Erfahrungen in der elterlichen Ursprungsfamilie sollten ausgetauscht werden. Welche Streitkultur herrschte in der jeweiligen Familie? (Dazu verweisen wir auf den Abschnitt „Verhalten der Partner in Stress-Situationen" in Kap. 2.2.) Die Art und Weise, wie die eigenen Eltern miteinander umgegangen sind, haben beide als innere Vorbilder gespeichert. Waren sie positiv, z. B. indem störendes Verhalten durch Kritik auch verändert wurde, lassen sie sich nachahmen; waren sie negativ, indem zerstörerische Debatten das Familienklima vergifteten, sollten Sie sich abgrenzen. Wie beide ihr Familienleben erfahren haben, welche Rolle sie selbst in ihrer Familie innehatten, bestimmt mit, wie jeder seine Vorstellungen von Partnerschaft und Familie umsetzen möchte. Klaffen die gegenseitigen Vorstellungen von Partnerschaft und Familie auseinander oder liegen sie auf einer Linie?

» Sich auf eine Prüfungsphase einstellen

Müssen individuelle Gewohnheiten angeglichen oder einfach akzeptiert werden? Der eine liebt Ordnung, der andere lässt vieles herumliegen. Der eine geht früh ins Bett, der andere will spät schlafen gehen. Der künftige Patchwork-Vater liebt dicke Steaks, die Restfamilie isst Nudeln, Gemüse und Fischstäbchen. Die Mutter vermeidet es, den Kindern Tischsitten beizubringen, der Mann scheint Wert darauf zu legen. Für solche Gewohnheiten und Ansprüche müssen Kompromisse gefunden werden. Gerade in der Prüfungsphase ist erhöhte Achtsamkeit für sich selbst, aber auch für den Partner notwendig.

Dem Partner besondere Aufmerksamkeit schenken

- Beim aufmerksamen Zuhören auf Zwischentöne achten.
- Bewusst öfter mal „Nein" sagen – wie reagiert dann der Partner, vermittelnd oder schroff?
- Kompromisse aushandeln – wer hat brauchbare Lösungsideen, wer will sich unbedingt durchsetzen?
- Passende Nähe und ausgleichende Distanz – oder ist Besitzanspruch das Verlangen?
- Wie geht der Partner mit Verletzungen um, wie mit Wünschen?
- Wie reagiert der Partner auf Missstimmungen oder Aggressionen?
- Gibt es das Thema „Eifersucht"?

- Wie ist die Bereitschaft für Vergeben, Versöhnen, Verzeihen?
- Sind Geben und Nehmen ausgeglichen?
- Welche Ähnlichkeiten sind festzustellen und welche gravierenden Unterschiede?
- Kann jeder für seine individuellen Bedürfnisse genug Platz einräumen?

» Das Zwiegespräch zum besseren Kennenlernen

Mit folgender Übung haben Paare in unseren Beratungen gute Erfahrungen gemacht.

Das Zwiegespräch – ein Partnergespräch zum besseren Kennenlernen
„In den letzten drei Monaten mit Zwiegesprächen haben wir mehr voneinander erfahren als in zehn Ehejahren", ist das Resümee eines Paares zum Ergebnis seiner Zwiegespräche. Die von dem Psychotherapeuten Moeller (1992, 51) entwickelte Idee der angeleiteten Zwiegespräche dient Paaren dazu, eine angemessene Gesprächskultur zu gewinnen und gleichzeitig mehr über sich zu erfahren. Für Zwiegespräche gelten bestimmte Regeln:

- *„Keine Fragen. Keine Ratschläge. Jeder nur über sich selbst." Mit diesen Grundsätzen soll vermieden werden, dass der andere bewertet oder kritisiert wird – seine Gefühle sollen weder erforscht noch „bemuttert" werden. Allein vertiefende Fragen zur Sache sind erlaubt.*
- *„Wöchentlicher Rhythmus für die Gesprächsführung ist anzustreben." Die Dauer sollte zunächst auf 30 Minuten begrenzt werden. Wie beenden Sie so ein Gespräch? Möglichst mit einer positiven Würdigung, vielleicht mit einem Dank.*

Das Festhalten an dieser Struktur ergibt eine Grundordnung. Beide Partner können sich innerlich auf die Zusammenkunft vorbereiten, jeder kann seine Themen auswählen, jeder auf die Themen des anderen mit vertiefenden Sachfragen reagieren. Wenn diese Zwiegespräche regelmäßig in ausgeglichener Stimmung durchgeführt werden, stellen sie eine gute gegenseitige Informationsquelle dar. Mit zunehmender Übung können sie häufiger stattfinden, kürzer oder länger, je nach Bedarf. Es bietet sich dann auch an, aktuelle problematische Ereignisse in der Beziehung anzusprechen (Bethke-Brenken/Brenken 2010, 114f.).

» Sich auf den neuen Partner verlassen können

Oder: You can talk the talk, but can you walk the walk? (Du kannst viel erzählen, aber kannst du auch handeln?)
Für die Mutter steht besonders viel auf dem Spiel. Eine zweite Trennung möchte sie sich und den Kindern auf keinen Fall zumuten. Trotz ihrer Verliebtheit sollte sie nüchtern einschätzen, ob der Partner den Alltag in einer Patchwork-Familie überstehen könnte.
Inwieweit wird der Geliebte ihr und den Kindern wirklich Sicherheit und Zuverlässigkeit schenken? Das ist neben der neugewonnenen Nähe ein wichtiges Kriterium für das Wachsen der Beziehung. Traut er sich zu, eine Beziehung zu den ihm erst einmal fremden Kindern aufzubauen? Wird ein eingefleischter Single es durchstehen, ständig von lärmenden Kindern umgeben zu sein? Wie ist es mit Männern, die letzten Endes nur an ihr eigenes Wohlergehen denken? Es ist weniger bedeutsam, was solche Männer versprechen, als das, was sie an Signalen aussenden, z.B., wie sie im Haushalt mithelfen, ob sie sich geduldig Zeit nehmen für Spiele mit den Kindern, ob sie sich auch im Urlaub auf die Kinder einlassen mögen.
Zum besseren Kennenlernen reicht es nicht aus, als Paar gemeinsam einen geruhsamen Strandurlaub zu verbringen, der allein der Entspannung dient. Sinnvoller ist es, sich außergewöhnlichen Aufgaben zu stellen, Widrigkeiten zu erleben und sich darin als Partner zu bewähren.

Ein Paar ist z.B. während seiner Prüfungsphase zwei Wochen bei Wind und Wetter in den Bergen gewandert, wo jeder mal an seine Grenzen kam und es nötig wurde, auf den anderen Rücksicht zu nehmen. Ein anderes Paar hat eine gemeinsame Aktion veranstaltet, indem beide sich als Hobbyhandwerker betätigten und zusammen den Dachboden ihres kleinen Hauses ausgebaut haben.

Immer geht es darum, in besonderen Situationen die Beziehung daraufhin zu testen, ob genügend gegenseitige Toleranz vorhanden ist und die Partner sich als Team zu verstehen lernen.

Ein anderes Thema ist der Umgang mit dem Anderssein des Partners. Das kann sich auf den Musikgeschmack des Partners beziehen oder – noch komplizierter – auf Erziehungsfragen. Wenn beide ihr Anderssein als etwas Besonderes und nicht als Angriff auf sich verstehen können, besteht Offenheit für eine bereichernde Sichtweise. Ermutigend sollte für das Paar sein, sich in schwierigen Situationen, wo gegenseitiges Unverständnis droht, zu erinnern, was es zusammengebracht hat – vermutlich eine große Ähnlichkeit bezüglich ihrer Einstellungen, Wünsche, Bedürfnisse und Ziele. An diese positiven Erinnerungen können die Partner wieder anknüpfen.

» Wie lange sollte die Prüfungsphase dauern?

Die äußere und besonders die innere Trennung aus der vorherigen Beziehung sollte abgeschlossen und der innere Abstand zum früheren Partner möglichst frei von großem Ärger sein.

- Habe ich Selbsterkenntnis gewonnen über eigene Fehler?
- Kann ich mir positive Erinnerungen erhalten? Welche sind es?
- Kann ich gelassen reagieren, wenn er mich noch mit emotional geäußerten Vorwürfen überschüttet?
- Kann ich spätestens jetzt mit meinen neuen Lebenszielen die Trennung akzeptieren?

Die Trauer- und Klärungsphase braucht Zeit, ein bis zwei Jahre sicherlich. Sie einzuhalten empfehlen wir, damit der neue Partner nicht als Ersatz des alten angenommen wird. Diesen Zeitraum einzuplanen ist insbesondere wichtig für Männer, weil sie nach unseren Erfahrungen eher dazu neigen, schnell ihr Glück in einer neuen Beziehung zu suchen. Wir erinnern: Die Verantwortung füreinander ist in einer Patchwork-Familie weit größer als in einer Paarbeziehung ohne Kinder.

Das Ende der Prüfungsphase wird davon bestimmt sein, wie sicher man sich miteinander fühlt. Noch wichtiger ist, ob der erste Kontakt mit den Kindern ausreicht, mit ihnen in ein vertrautes Verhältnis zu kommen. Das kann angetestet werden, indem der künftige Patchwork-Vater mal an mehreren Wochenenden in der Familie lebt oder mit ihr eine Woche gemeinsam in einer Ferienwohnung oder auf einem Campingplatz verbringt. Gute Erfahrungen dabei geben der alleinerziehenden Mutter größere Sicherheit, das Wagnis der neuen Familiengründung einzugehen.

2.2 Verhalten der Partner in Stress-Situationen

Wer etwas genauer sich und seinen Partner erforschen will, um eine gute Grundlage für die neue Partnerschaft zu legen, kann sich einer besonderen Typenanalyse unterziehen. Es geht darum, sich vorzustellen, wie das eigene Verhalten im Stress und zusätzlich das des Partners eingeschätzt wird. Es empfiehlt sich, dass die neuen Eltern sich mit ihren individuellen Reaktionen auseinandersetzen, um im Konfliktfall angemessen und stimmig reagieren zu können. Oder auch, um die Konfliktbeteiligten, Partner oder Kinder, zu unterstützen, aus typischen Konfliktfällen auszusteigen, die sich häufig wiederholen und zu keiner angemessenen Lösung führen. Wenn wir unzufrieden sind mit unserer Kommunikation, wenn wir z. B. in Auseinandersetzungen geschwiegen haben, statt etwas zu entgegnen, wenn wir zu scharf angegriffen haben, wenn wir einfach weggelaufen sind oder nur abgelenkt haben, dann sollten wir uns selbst erforschen: Wie kommt es, dass wir uns so verhalten haben? Passiert es häufiger? Gibt es ein persönliches Muster? Wollen wir dieses Muster beibehalten? Macht es Sinn, etwas zu verändern?

In der Regel bevorzugen wir ein oder zwei Verhaltensmuster immer wieder, und zwar deutlicher, als es uns manchmal lieb ist. Das Beharren auf diesen Mustern kann ein zentraler Grund sein für das Scheitern von Konfliktlösungsprozessen. Diese Muster, die besonders in Stress-Situationen deutlich zu Tage treten, zeigen, wie Menschen in der Auseinandersetzung ihr Selbstwertgefühl schützen, gerade dann, wenn sie sich bedroht fühlen. Diese Muster, die besonders bei negativen Reaktionen auf eine bedrohliche oder verunsichernde Situation gezeigt werden, bereiten immer Unwohlsein. Die daraus folgende Starrheit oder das Versteckspiel haben zur Folge, dass sich die Betroffenen unglücklich fühlen und Beziehungsstörungen erleben werden. Alle Reaktionsmuster sind in der Vergangenheit erlernt worden. Sie waren irgendwann in der Kindheit einmal nützlich, sind im Erwachsenenalter jedoch eher problematisch und hinderlich geworden.

Vier Verhaltenstypen in Stress-Situationen

Virginia Satir, eine bekannte Familientherapeutin, stellte Untersuchungen an, wie Menschen auf Stress-Situationen reagieren. Sie fand vier typische Verhaltensweisen heraus, die Auseinandersetzungen mit den Mitmenschen erschweren. Sie hat diese Verhaltensmuster gleichsam als Typen charakterisiert, die wir im Folgenden etwas modifiziert beschreiben (Satir 1987, 85 ff; von Schlippe 1986, 65 ff):

- Der *Bestimmer* oder *Ankläger* tritt mit seinem Ideenreichtum sehr fordernd auf, kann rechthaberisch und beschuldigend sein. Das Recht nimmt er nur für sich in Anspruch. Aufgrund seiner egozentrischen oder narzisstischen Haltung wird er seine Mitmenschen wenig in ihren Wünschen und Bedürfnissen wahrnehmen.
  Vorteilhafte Eigenschaften seiner Verhaltensweisen sind: Die Person weiß sich durchzusetzen, hat Widerstandskraft, ist wenig ängstlich und kann Menschen für Ideen und Vorhaben gewinnen, sich ihm anzuschließen.
- Der *Vernünftige* oder *Rationalisierer* zeigt eine erklärende oder logisch argumentierende Haltung. Er unterscheidet

gern zwischen richtig und falsch, unterlässt es aber dabei, seine Gefühle mitsprechen zu lassen. Umgekehrt fühlt er sich manchmal von seiner Umwelt unverstanden und nicht richtig wahrgenommen.
Vorteilhafte Eigenschaften dieses Menschentypen sind: Er ist in der Lage, schnell einen Überblick zu gewinnen, kann Vor- und Nachteile einer Sachlage gut einschätzen, ist sprachlich gewandt und findet sofort passende Argumente.

- Der *Helfer* will es allen recht machen, tritt wohlwollend, rücksichtsvoll und vermittelnd auf, hält sich mit präzisen eigenen Meinungen zurück. Er gebraucht gern einschränkende Wörter wie „wenn", „vielleicht", „man könnte". Er beschäftigt sich bereitwillig mit den Sorgen und Gefühlen anderer, setzt sich aber mit seinen eigenen Bedürfnissen wenig auseinander oder kennt sie nicht.
Vorteilhafte Eigenschaften dieses Menschentypen sind: Er ist äußerst hilfsbereit, umsichtig und sozial, möchte, dass es allen gut geht, erfüllt unaufgefordert Wünsche von anderen und sorgt für eine angenehme Atmosphäre.
- Der *Ablenker* weicht schwierigen Themen aus, indem er plötzlich Neues thematisiert, unterbricht oder Witze macht. Er ist lustig und versteckt sich dabei gern hinter einer lächelnden Maske, um Angst oder Orientierungslosigkeit zu verbergen. Er wechselt seine Kontakte häufig und ist wenig beständig.
Vorteilhafte Eigenschaften dieses Menschentypen sind: Er ist spontan, ideenreich und originell und oft künstlerisch begabt. Schnell kann er sich auf neue Situationen einstellen und ist wegen seiner Fröhlichkeit und Originalität in Gesellschaftskreisen beliebt.

Allen Typen ist gemeinsam, dass sie unter Stress vermeiden, sich mit ihren Gefühlen auseinanderzusetzen, insbesondere mit dem Thema Angst. Stattdessen weichen sie in die beschriebenen Verhaltensweisen aus.

» Gemeinsame Analyse der Partner

Mit der folgenden Übung können Sie Ihre Stress-Verhaltensweisen und die Ihres Partners erforschen und neue Einsichten und Handlungsstrategien für ein zukünftiges Zusammenleben gewinnen.

Typenanalyse: Verhalten in Stress-Situationen
Nehmen Sie ein Blatt Papier zur Hand und einen Stift. Malen Sie zuerst einen großen Kreis auf und teilen Sie ihn ein wie eine Torte mit den jeweiligen Anteilen, die Sie für sich als typisch einschätzen. Dabei lassen Sie bitte alle entspannten Zeiten weg, in denen keine Stressreaktionen auftreten.
  Beispiel: Eine Mutter zeichnet vielleicht folgende Anteile (Abb. 3):

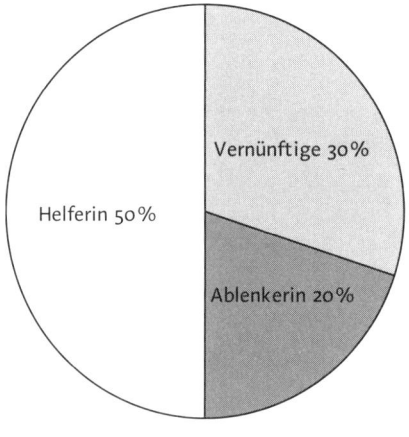

Bestimmerin 0 %
Vernünftige 30 %
Helferin 50 %
Ablenkerin 20 %

Abb. 3: Stressverhalten einer Mutter

Schlussfolgerung: Der Mutter wird es häufig schwerfallen, z.B. konkrete Beschlüsse zu fassen, da sie als Helferin und Ablenkerin dazu neigt, sich nicht richtig festzulegen. Sie muss üben, eigene Entscheidungen zu treffen oder auch mal Nein zu sagen. Gleichzeitig wird sie sehr geduldig mit Kindern umgehen können.

Dieses Ergebnis hat die Mutter in unserem Beispiel möglicherweise nicht überrascht. Interessant ist jetzt, ein Schaubild ihres Partners zu kennen, vielleicht mit folgendem Ergebnis (Abb. 4):

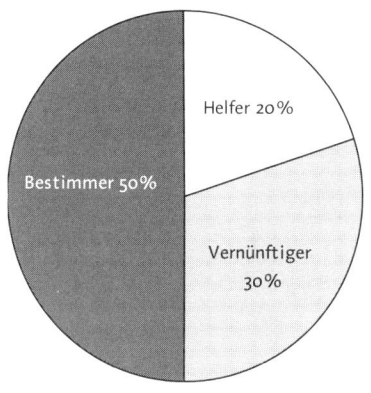

*Bestimmer 50 %
Vernünftiger 30 %
Helfer 20 %
Ablenker 0 %*

Abb. 4: Stressverhalten des Partners der Mutter

Sie sieht jetzt, er ist gewohnt zu bestimmen. Wenn er seine Entscheidungskraft zu intensiv nutzt, müsste sie ihm Grenzen setzen, was ihr als Helferin schwerfallen dürfte. In der Verliebtheitsphase wird er Abgrenzungen erst einmal großzügig zulassen. Später im Alltag können daraus Konflikte entstehen.

Ein konkretes Beispiel: Ein Patchwork-Vater (ein Bestimmer, kombiniert mit einem Vernünftigen) will die nächtlichen Rückkehrzeiten seiner Stieftochter mit großer Strenge festlegen. Die Mutter (Helferin und Ablenkerin) stimmt seinem Verlangen zu. Die Tochter revoltiert schnell gegen den Patchwork-Vater, wodurch die Mutter ratlos und traurig „zwischen den Stühlen" sitzt.

Die oben angebotene Analyse kann in gemeinsamer Aktion erstellt werden, erst jeder für sich und dann jeder seine Thesen über den anderen. Anschließend ist es spannend, die Ergebnisse abzugleichen, zumal jeder den anderen sicher anders sieht, als er sich selbst wahrnimmt. Daraus können Absprachen entstehen, wie der Einzelne bereit ist, in bestimmten Situationen ein neues Verhalten einzuüben, oder zumindest gestattet, aufmerksam auf seine Vorgehensweise, sein Muster, gemacht zu werden.

Diese Typenanalyse wird auch genutzt, um weiter über das persönliche Verhalten in der Vergangenheit nachzudenken. Ohne jemanden anzuschwärzen ist es möglich, anhand der verschiedenen Muster zu untersuchen, wodurch die Beziehung auseinandergetrieben werden konnte und was die eigenen Anteile dabei waren. Die Bestimmer bei den Männern sind schnell ausgemacht. Aber hat vielleicht die Frau mit einer besonderen Bestimmtheit über „selbstverständliche" Familienregeln gewacht, womit der freie Wille des Mannes erdrückt wurde? Oder wollte der Mann mit seiner ausgefeilten Argumentation die Ideen seiner Frau nicht akzeptieren, bis sie endlich resigniert nachgab? Dazu ein Beispiel aus unserer Beratungspraxis:

> *Eine junge Mutter wurde befragt, wann sie das erste Mal an eine Trennung gedacht hatte. Ihre Antwort: „Als mein Mann mir während der Schwangerschaft ausredete, einen Kinderwagen zu kaufen. Er hat es einleuchtend begründet und hatte Recht mit seiner Analyse der Lage, dass wir den Kinderwagen tatsächlich nicht brauchten." Doch er übersah dabei, wie sehnlich der Wunsch seiner Frau war. Sie verband mit dem Kinderwagen nicht nur Praktisches, sondern sie nahm ihn als symbolisches Zeichen, sich als echte Mutter fühlen und zeigen zu können. Der extrem vernünftige Ehemann war nicht in der Lage, die Gefühle seiner Frau, einer Helferin, wahrzunehmen. Der Mann als Rationalisierer konnte erst langsam begreifen, dass Gefühle in Auseinandersetzungen häufig wichtiger sind als logische Argumente.*

2.3 Das Paar formt die neue Familie

Wie gut ein neues gemeinsames Leben der Partner gelingen wird, hängt von ihrer Fähigkeit ab, einander emotionale Unterstützung zu geben. Legen Sie sich einen Schutzmantel um, wenn Unverständnis und Enttäuschung anrollen, wenn größere Gegensätze überbrückt werden müssen. Einen Schutzmantel aus Zuversicht,

Probleme meistern zu können. Einen Schutzmantel aus positiver Stimmung, aus der Fähigkeit, für eine gute Atmosphäre miteinander sorgen zu können, sich anzulächeln, den Partner zu berühren, ihm Komplimente zu machen oder sich schön anzuziehen für ihn.

Auch wenn wiederkehrende Befürchtungen das Paar immer noch begleiten – ob der neue Partner auch ein guter Vater für die Kinder sein wird oder umgekehrt, ob der Partner von den Kindern als Freund oder Vater akzeptiert werden wird –, wenn das die einzigen Zweifel sind, sollte das Paar auf eine positive Entwicklung in der Familie setzen und sich erinnern: Es hat sich schließlich vorgenommen, den Schatten der ersten Partnerschaft hinter sich zu lassen und die neue Beziehung erfolgreich zu führen. Das Paar will sich aktiv für die Weiterentwicklung der Beziehung einsetzen – möglichst täglich.

Von Vorteil ist, dass beide Partner schon in erster Ehe Erfahrungen gesammelt haben und damit wissen sollten, worauf sie in Zukunft mehr achten müssen. Trotzdem wird die Vergangenheit in ihrer neuen Beziehung erst einmal in der Weise präsent bleiben, dass sie sich in Ängsten und Verwundbarkeiten niederschlägt. Aber das Paar kennt voneinander schon manche dieser Ängste und hat bisher darauf einfühlsam reagiert.

» Paarbeziehung stärken

Mit Beginn des Zusammenlebens in der Patchwork-Familie ist für eine exklusive Paarbeziehung wenig Raum. Wenn die Tochter nachts ins Bett zur Mutter kommt, werden es beide eine Zeitlang dulden müssen. Ihr sexuelles Verlangen ist eingeengt auf Zeiten, in denen die Kinder abwesend sind. Sehr behutsam wird die Partnerin das Kind daran gewöhnen müssen, im eigenen Bett auszuhalten. Als Eltern sind die Partner extrem gefordert, damit ihre neue Familienkonstellation von den Kindern anerkannt wird. Als Manager-Team werden sie nur erfolgreich funktionieren bei gutem gegenseitigen Einvernehmen. Dabei muss der Mann akzeptieren, dass seine Partnerin als Mutter zwangsläufig größeren Einfluss auf Entscheidungen bezüglich der Kinder und ihrer Erziehung vorläufig behalten wird. Auf die Paarbeziehung muss sich das aber nicht negativ auswirken, wenn Unterstützung und Würdigung den Alltag bestimmen. Gerade die gegenseitige Würdigung schafft zusätzliches Vertrauen, schenkt den Partnern Sicherheit und zeigt, wie verlässlich sie sind. Möglichen Verlustängsten, die gerade am Anfang eine Partnerschaft beherrschen können, wird die Grundlage entzogen.

Wie bleibt das Paar miteinander im Kontakt? Damit es nicht durch den Familienbetrieb ständig dominiert wird, ist die Schaffung von Freiräumen notwendig – z. B. ein Zimmer für den gemeinsamen Abend, in dem es ungestört sein kann. Wenn das wegen beengter Raumverhältnisse nicht möglich ist, bietet sich ein Spaziergang an oder ein Kneipenbesuch, wie wir das im ersten Kapitel über das Paar auf seinem Weg aus der Krise berichteten. Auch Kinobesuche, Verabredungen mit Freunden, gemeinsame und gerade auch getrennte Aktivitäten stärken die Paarbeziehung. Dafür kommen besonders die Zeiten in Frage, welche die Kinder beim Vater verbringen. Wenn Sie als Paar Unterstützung für den Verlauf schwieriger Gespräche benötigen, sollten Sie eine der in Kapitel 4 genannten Methoden nutzen.

» **Welche Ziele und Bedürfnisse verfolgen die einzelnen Familienmitglieder?**

Wieso soll eine Restfamilie in eine Patchwork-Familie umgewandelt werden? Die Antworten der einzelnen Familienmitglieder werden unterschiedlich sein.

Die Mutter
Vermutlich verbindet sie mehrere Ziele mit der Patchwork-Familie, nämlich

- ein Leben in einer „normalen" Familie für sich und die Kinder zu schaffen,
- mit einem geliebten Partner zusammenzuleben
- möglicherweise ihre Berufstätigkeit wiederaufnehmen oder erweitern zu können.

Falls diese Ziele durch heftige Konflikte mit dem Partner im Alltag des Familienlebens kollidieren, wird sich die Mutter nach unseren Erfahrungen eher für das weitere Zusammenleben mit den Kindern entscheiden als für das mit dem Mann im Rahmen einer Patchwork-Familie. Dazu folgendes Beispiel:

> *Udo und Sylvia leben seit vier Jahren mit Sylvias Tochter Marion in einer engen Wohnung als Patchwork-Familie zusammen. Tochter Marion (15 Jahre) erlaubt ihrem Freund Arne an einem späten Samstagabend, in ihrem Zimmer zu übernachten. Am nächsten Morgen kommt es beim gemeinsamen Frühstück zum offenen Streit zwischen den Patchwork-Eltern. Der Patchwork-Vater verlangt, dass sich so ein nächtlicher Besuch nicht wiederholen dürfe, während die Mutter bereit ist, die Übernachtung zu akzeptieren. Ihr Partner vertieft dieses Thema im Laufe des Tages weiter und fordert, dass der Gast spätestens um zehn Uhr abends die Wohnung zu verlassen habe. Die Mutter ist skeptisch, ob sich Marion darauf einlassen wird. Am nächsten Wochenende verlässt der Freund die Wohnung sogar erst nachts um ein Uhr. Die Mutter spricht mit Marion und bittet sie, den Jungenbesuch einzuschränken mit Rücksicht auf den Patchwork-Vater, dem das frühe sexuelle Zusammensein der Tochter Probleme macht.*
>
> *Das Resultat: Der Widerstand wächst, die Übernachtungen des Freundes erfolgen jetzt sogar regelmäßig. Die Mutter möchte dem Freund ihrer Tochter nicht das Haus verbieten und nimmt die Auseinandersetzung mit ihrem Partner auf sich. Der Streit des Elternpaares steigert sich. Der Patchwork-Vater ist sehr verärgert, weil er den Sexualverkehr des jungen Mädchens mit ihrem Freund in der gemeinsamen Wohnung auf keinen Fall akzeptieren will und die Auffassungen seiner Frau zur Jugendsexualität absolut nicht begreifen kann. Der unterschiedliche Standpunkt der Partner ist unüberbrückbar, sie erzielen keine Einigung. Die Mutter demonstriert, dass sie in einem strittigen Thema das letzte Wort hat. Sie riskiert einen Bruch in der Beziehung zu ihrem Mann.*

Eine Verabredung zu einem Gespräch 24 Stunden später, in dem jeder seinen unterschiedlichen Standpunkt noch mal deutlich macht und um Verständnis bittet, anders sein zu dürfen, könnte das Risiko einer Auflösung der Patchwork-Familie vermindern. Auch ein Austausch mit Freunden, die gleichfalls pubertierende Kinder haben, kann den Blick öffnen für neue Gedanken. Letztendlich wäre eine neutrale Beratung z. B. in einer Familienberatungsstelle vonnöten, um keine Trennung zu riskieren. Wir kennen aber auch Situationen, meist bei älteren Kindern mit aggressiven pubertären Verhaltensweisen, in denen sich die Mutter für das Zusammenleben mit dem Partner entschieden hat und sich damit eine neue Lösung zutraut.

> *In einem Fall wurde für den auffälligen Jugendlichen eine Wohnmöglichkeit außerhalb der Familienwohnung geschaffen, was den Kontakt zwischen den Erwachsenen und dem Pubertierenden einvernehmlicher gestaltete. Alltagskonflikte um Haushalt, Ordnung und Nachhausekommen entfielen.*

Der neue Partner
„Ich möchte mit meiner Geliebten mein Leben verbringen. Dazu gehören für mich ihre Kinder, die ich schätze und unterstützen will!" Das ist ein eindeutiges Ziel, wenn nicht noch ein zweites nachgeschoben wird: „Ich möchte meinen zeitintensiven, interessanten Beruf weiterführen und lege Wert auf Karriere!" Wie das zweite Ziel möglicherweise das erste einengt, sollte genauestens vorher verhandelt werden. Denn das Ziel der Mutter, ihre Berufstätigkeit wiederaufzunehmen, zwingt den Patchwork-Vater, sich kooperativ zu verhalten, seine Berufswünsche nicht zu überziehen oder zumindest in Frage zu stellen.

Beide Partner als Eltern
Sie hoffen, dass ihre Freude an dem gemeinsamen Familienleben sie weiter verbinden wird. Ihre Idealvorstellung: Den Kindern ein Vorbild für gute Partnerschaft zu sein und eine harmonische Patchwork-Familie aufzubauen. Dabei trauen sie sich ein großes Maß an Toleranz und Flexibilität zu. Einig sind sie sich in ihren Erziehungsvorstellungen: Sie wollen keine distanzierten,

kontrollierenden Eltern sein, sondern die Kinder zur Selbstständigkeit erziehen. Sie gehen davon aus, dass

> „90 Prozent aller Erziehung zwischen den Zeilen stattfindet, also durch die Art und Weise geschieht, wie Eltern ihre Kinder behandeln, wie sie mit Freunden und Bekannten, mit Verkäuferinnen, Busfahrern, den eigenen Eltern und Geschwistern umgehen. Durch die Art und Weise, wie sie gegenseitige Konflikte lösen. Wie sie über andere Menschen reden und wie sie arbeiten" (Juul 2011, 40).

Sie legen Wert auf eigene Präsenz und wachsame Sorge. Diese Absichten dienen als Orientierung. So können sich beide Partner leichter vergewissern, ob ihr eigenes Verhalten ihren Zielvorgaben entspricht. Weitere Ziele lassen sich finden, auf die sich Mutter und Partner einigen können:

- Wir nehmen uns Zeit, über Themen der Kinder, insbesondere über ihre Sorgen zu reden und sie zu beraten, wenn es nötig und gewünscht ist.
- Wir wollen ihnen mit Hilfe von Regeln Strukturen zur Gestaltung ihres Lebens geben.
- Wir wollen aus ihrem Selbstverständnis als junge Persönlichkeiten selbst lernen.
- Wir wollen daran mitwirken, dass der neue Partner Teil dieser Familie wird.
- Wir möchten, dass der außen lebende Vater seine Rolle als Vater auch neben dem Patchwork-Vater ausfüllen kann.
- Wir wollen uns in das Familienleben des erweiterten Kreises von Verwandten integrieren.

Viele dieser Zielpunkte gelten als Selbstverständlichkeiten für Erstfamilien. Sie könnten in der Patchwork-Familie aber gleichzeitig mit dem Bedürfnis kollidieren, Zeit für die Weiterentwicklung der Partnerschaft zu gewinnen. Das Paar braucht in angespannten Situationen erhöhte Wachsamkeit für seine Befindlichkeit und besondere Fürsorge füreinander. Da aber die

Zeit der Trennung und des Alleinlebens ohne Vater die Kinder verunsichert hat, wollen die Partner deren Bedürfnisse erst einmal in den Vordergrund rücken.

Sie müssen damit rechnen, dass sie in ihrem Verhalten in der Realität von manchen Idealen abweichen werden. Enttäuschungen darüber, wie der Partner z. B. nach einem hektischen Arbeitstag unkontrolliert gegenüber den Kindern agiert, müssen verkraftet werden. Die Entgleisung selbst wird auch den Betroffenen entsetzen und zum Innehalten zwingen. Jetzt ist besonderes Verständnis füreinander nötig neben dem Bemühen, die unkontrollierte Handlung wiedergutzumachen.

Kinder
Ihr eindeutiges Ziel dürfte sein: „Wir wollen unseren Vater wieder zurück nach Hause haben." Aber sie wissen, inzwischen ist dieses Ziel unrealistisch. Trotzdem bleibt der Wunsch ihr Traum. Das erzeugt unterschiedliche Sichtweisen:

- „Wir haben es geschafft auch ohne Papa – wir kommen gut mit Mama alleine klar. Warum soll sich das ändern?"
- „Ich bin froh, dass Mama Hilfe von ihrem Freund bekommt, dann hat sie mehr Zeit für mich!"
- „Ihr Freund soll sich ja nicht einbilden, mir Befehle zu geben, das kann höchstens Mama."
- „Der Freund hat mir geholfen, das Fahrrad zu reparieren. Hoffentlich zeigt er mir noch mehr."
- „Darf ich weiter in Mamas Bett schlafen oder schickt sie mich weg?"
- „Die Mutter von meinem Freund Max hat wieder geheiratet, Max findet das gut. Sein Patchwork-Vater ist ganz lieb."

Ein Thema verbindet die Kinder: Sie wollen eine fröhliche und aufmunternde Mutter erleben, nicht jemand, der Altes beklagt. Es wird jedoch kein eindeutiges Bild für die Ziele der Kinder entstehen. Das müssen Mutter und Patchwork-Vater akzeptieren. Ihre berechtigten Hoffnungen sind, dass die Kinder das Leben in einer Patchwork-Familie als besonderen Vorteil für sich erfahren, weil sie z. B. dann zwei Väter haben – einen außen lebenden Vater für Besonderes und einen vertrauten Freund, Mentor oder sozialen Vater für den Alltag.

Ein Bedürfnis der Kinder wird sein, den Kontakt zu den Großeltern aufrechtzuerhalten. Deren Integration in die Familie belässt den Kindern ein Gefühl von alter Sicherheit. Wenn der neue Partner der Mutter dann plötzlich mit den Großeltern per „Du" ist, spätestens dann gehört er für die Kinder auch dazu.

» Aufbruch in das neue Familienleben

Die Erwachsenen wollen ihre Ziele trotz möglicher Vorbehalte der Kinder durchsetzen. Der Neuanfang ist beschlossen. Meist wird der neue Partner bei der Restfamilie einziehen, also bei Frau und Kindern. Aus der Alleinerziehenden wird eine Patchwork-Mutter werden, die zusammen mit ihrem neuen Partner die Verantwortung für die Familie übernehmen will, die bereit ist, ihre Verantwortung zu teilen, auch wenn sie erst einmal die zentrale Erziehungsfunktion beibehalten wird. Sie will aufpassen, dass sie ihren neuen Partner nicht isoliert gegenüber der Restfamilie, dass sie keine falschen Koalitionen bildet. Vielleicht ist das älteste Kind in der Zeit der Restfamilie zu einer Art Ersatzpartner der Mutter geworden, mit dem sie gewohnt war, besondere Probleme zu besprechen. Jetzt soll die Rolle auf den Patchwork-Vater übergehen. Damit sich das Kind nicht sofort zurückgesetzt fühlt, könnten anfangs Dreiergespräche geführt werden, um neue Verantwortungsbereiche für das Kind zu finden, oder die Familienkonferenz (s. Kap. 4.2) wird zur Klärung genutzt. Jedenfalls soll der Patchwork-Vater seinen Platz finden und in Absprache mit der Partnerin schrittweise in Erziehungsverantwortlichkeiten einbezogen werden.

Spielregeln und Rituale absprechen
Auch wenn die bisherigen Gewohnheiten in der Restfamilie erst einmal festgesetzt wurden, müssen sich die neuen Partner einerseits untereinander und andererseits zusammen mit den

Kindern über Spielregeln und Rituale verständigen und einigen. Wie notwendig das ist, lässt sich am Beispiel „Weihnachten" anschaulich zeigen:

- Soll die Kirche besucht werden? Wenn ja, welche?
- Sollen zu Weihnachten echte Kerzen oder elektrische am Baum hängen?
- Soll mit Lametta geschmückt werden?
- Wann sollen die Geschenke ausgepackt werden? Jeder allein für sich, oder gucken alle einem Familienmitglied beim Auswickeln zu?
- Soll gesungen werden? Welche Lieder sind passend?
- Wird etwas vorgelesen?
- Wann wird gegessen, was wird gegessen?
- Wer wird zu Besuch kommen? Die Großeltern? Und dann: Welche Großeltern genau?

Entscheidungen müssen getroffen werden. Die Auswahl der weihnachtlichen Rituale könnte mit älteren Kindern gemeinsam entschieden werden. Ein Vorschlag: Jedes Kind oder jedes Familienmitglied schreibt zwei bis drei Wunsch-Rituale auf. Die Wünsche werden dann nach Bedeutsamkeit für die Einzelnen geordnet, besprochen und beschlossen. Jedem Familienmitglied sollte dabei mindestens ein Wunsch erfüllt werden.

Alltagsleben
Das Leben des Paares ist am Anfang von praktischen Notwendigkeiten bestimmt, die die Verwirklichung einer innigen Zweierbeziehung einschränken oder ihr gar zuwiderlaufen. Die Partner sollten sich deshalb darauf einrichten, dass der Alltag künftig mehr aus Vernunfthandlungen und Zweckmäßigkeiten besteht. Das fängt morgens mit dem Wecken und Aufstehen der Kinder an, dann muss schnell ein Frühstück gezaubert und gleichzeitig darauf gedrungen werden, dass die Kinder sich zügig für Schule oder Kindergarten fertig machen. Mindestens ein Partner denkt schon an den Weg zur Arbeit. Dann bleibt noch die Frage offen, wer später zum Elternabend geht. Da ist wenig Platz für Zwei-

samkeit, aber genug Platz für kurze Kontakte, für liebevolle Blicke und Berührungen. Bei auftretendem Stress hilft eine achtsame Umarmung. Das beruhigt und gibt Halt den Erwachsenen wie auch den Kindern. Die Mutter kennt die Hektik, aber gewöhnt sich der neue Partner daran? Sicher, ähnlich spielt es sich in den meisten Erstfamilien morgens ab, aber den Patchwork-Vater überfällt diese Situation urplötzlich, gerade wenn er jahrelang als Single gelebt hat.

Dass Vernunft und Zweckmäßigkeit das praktische Leben einer Paarbeziehung bestimmen, wird nicht gern wahrgenommen, vor allem wenn man frisch verliebt ist. Was soll gekocht werden? Wer organisiert den Einkauf? Wer holt den Sohn vom Punktspiel im anderen Stadtteil ab? Ein Partner der Mutter, der länger am Abend arbeiten muss, kann möglicherweise nur bedingt im Haushalt mithelfen. In dieser Situation eine „gerechte" Aufgabenverteilung einzufordern, ist weder einfühlsam noch hilfreich. Ein Ausweg lässt sich finden, wenn z. B. der Patchwork-Vater eine Aufgabe übernimmt: an einem besonderen Wochentag, wenn er früher von der Arbeit kommen kann, oder an einem Wochenendtag, mit dem Ziel, dass diese Zeit – sagen wir drei Stunden – der Frau als Entlastung zu ihrer freien Verfügung steht.

2.4 Als Patchwork-Vater aufgenommen werden

Der Partner der Mutter steht vor besonderen Herausforderungen. Er bricht in die Restfamilie ein und ist für die Kinder zunächst eine fremde Person, die sie interessant finden und / oder die sich zwischen sie und ihre Mutter drängelt. Nach verschiedenen Kontakten kann er als netter Bekannter der Mutter an Bedeutung gewinnen, nach gemeinsamen Unternehmungen wird er vielleicht zum Freund der Familie „aufsteigen". Und wann wird er dann wirklich ein Zweitvater sein? Größere Akzeptanz wird er schneller bei kleinen Kindern finden. Die Jüngeren werden sich vor den Älteren dem Patchwork-Vater nähern, unbefangener auf ihn zugehen und auch unbefangener Protest anmelden. Damit wird den skeptischen Älteren ein gewisses Vorbild gegeben, das ihnen den Kontakt erleichtern kann. Trotzdem wird eine Vaterrolle von heranwachsenden Jugendlichen eher langsam akzeptiert werden. Die Mutter hätte das sicherlich gern, aber die Kinder wissen genau, wer ihr leiblicher Vater ist, auch wenn er sich im Rahmen der Trennung widersprüchlich verhalten hat und jetzt außerhalb lebt. Die alten emotionalen Bindungen der Kinder werden sich erst im Laufe von Jahren verändern.

Ein harmonisches Familienleben wird die Sehnsucht der Mutter bleiben. Demzufolge ist sie mit dafür verantwortlich, dass der neue Partner von den Kindern so anerkannt wird, dass er zum sozialen Vater werden kann. Einer, der gemeinsam mit ihr im Interesse der Kinder auch Entscheidungen trifft, der sie unterstützt, wo er es kann, und von ihr und auch von den Kindern um Rat gefragt wird – der allmählich die Funktion eines Stellvertreters der Mutter einnehmen kann.

Diese Anerkennung wird weder durch kurze Mitteilungen noch Befehle erfolgen, sondern nur, wenn die Kinder die besonderen Qualitäten und Leistungen des neuen Familienmitgliedes wohlwollend oder bewundernd wahrnehmen. Da nützt langfristig der „geile" Wagen nichts, in dem die Kinder jetzt mitfahren dürfen. Es ist die Persönlichkeit des Patchwork-Vaters selbst, die sich auf die Bedürfnisse und Anforderungen der Kinder einlässt. Das zeigt sich darin, wie er sie unterstützt und sein Interesse bekundet an dem, was ihr Alltagsleben ausmacht. Die meisten Kinder erfassen Menschen messerscharf. Aufrichtigkeit lässt sie Vertrauen gewinnen. Die Fähigkeit zur kindgerechten Kommunikation ist gefragt. Da ist der verbindende Spaß beim Spielen oder Bauen, da werden gemeinsame Unternehmungen sein, die ein bisschen Abenteuercharakter haben. Vielleicht lädt der Patchwork-Vater die Kinder ein, ihnen seine Heimatstadt oder sein Dorf zu zeigen, wo er seine Kindheit verbracht hat und zur Schule gegangen ist.

Manchmal stimmt die Chemie zur anderen Person sofort, manchmal warten Erwachsene oder Kinder länger, dass der andere sich öffnet. Denn nicht nur Kinder, auch Erwachsene, können sehr zurückhaltend sein. Es werden nicht alle gleichzeitig Nähe zueinander entwickeln.

Wir kennen ein Paar, das als Patchwork-Elternpaar lebte, aber nicht verheiratet war, bis plötzlich der Siebenjährige forderte: „Ich möchte endlich auch einen richtigen Papi haben!" Dieser Wunsch bewies, dass das Kind den Partner der Mutter inzwischen als sozialen Vater anerkannte.

Es kann aber durch die abwartende Haltung in erster Linie der pubertierenden Kinder länger eine distanzierte Atmosphäre die Stimmung der Familie kennzeichnen. In diesen Fällen ist es für den Patchwork-Vater angesagt, vorsichtig und zurückhaltend als Freund und Helfer aufzutreten. Er sollte sich aus jeglichen erzieherischen Maßnahmen heraushalten und eher durch humorvolle ironische Bemerkungen auf ein kommendes Problem aufmerksam machen: „Du kannst in Ruhe weiter frühstücken. Wenn alle drei Ampeln auf Grün sind, wirst du es mit dem Fahrrad wirklich noch pünktlich zur Schule schaffen."

Der neue Partner mag sich anfangs einsam fühlen, weil er plötzlich zu einer Gemeinschaft von Mutter und Kindern gehört, die durch die Vorgeschichte ihrer Familiengemeinschaft vor der Trennung und dann durch die Trennung selbst geprägt ist und deswegen miteinander verschworen zu sein scheint. Er muss damit rechnen, sich manches Mal als Außenseiter zu fühlen. Zumal am Anfang seine Stimme im Familienrat weniger Gewicht haben wird. Es ist deswegen ratsam, dass er sich im ersten Familienjahr mit individuellen Wünschen zurücknimmt und dabei die Balance schafft, sich nicht auszugrenzen – oder in der Typologie von Satir gesprochen, sich überwiegend als Helfer-Typ präsentiert. Ein narzisstisch ausgerichteter oder anklagender Patchwork-Vater forderte dagegen in einer Beratung: „Mindestens Respekt muss ich von den Kindern doch erwarten können!" Respekt stellt sich nicht von alleine ein, Respekt muss er sich durch entsprechendes Verhalten erobern.

Ein Indikator für die Vertrautheit der Kinder mit dem Patchwork-Vater kann der Name sein, mit dem die Kinder ihn anreden. Normalerweise werden sie ihn mit dem Vornamen ansprechen. Es zeigt einen Wandel der Nähe, wenn sie ihn zusätzlich mit Wortverdrehungen oder erfundenen Spitznamen anreden.

» Welche Autorität kann der Patchwork-Vater bekommen?

Thomas Gordon (2009, 35 ff), bekannt für sein Buch „Die neue Familienkonferenz", unterscheidet vier Arten von Autorität:

- Autorität durch die Stellung als leiblicher Elternteil,
- Autorität durch Erfahrungen,
- Autorität auf Basis von Abmachungen,
- Autorität durch Machtanspruch.

In dieser Unterteilung lässt sich ablesen, welche Art von Autorität der Patchwork-Vater überhaupt ausüben kann. Die Autorität der leiblichen Eltern wird er selten erlangen, am ehesten vielleicht, wenn die Kinder noch sehr klein sind. Die Autorität aus Erfahrungen kann ihm am schnellsten von den Kindern attestiert werden, wenn es um klare Sachbezogenheit geht. Beispielsweise kann er bei der Lösung von Mathematikaufgaben erwünscht sein, wenn er mathematische Probleme gut erklären kann. Unter der Autorität durch Abmachungen ist zu verstehen, dass kurze Verabredungen wie regelmäßiger Fahrdienst zum Fußballtraining seine Verlässlichkeit beweisen und die Autorität dadurch in den Augen des Kindes wächst. Der Anerkennung von Autorität durch Machtanspruch folgen Kinder nur widerstrebend oder feindselig, sie kommt also bezogen auf den Patchwork-Vater nicht in Frage. Versucht er es trotzdem, provoziert er unweigerlich Streit in der Familie. Das verlangt möglicherweise der Mutter ein Loyalitätsbekenntnis gegenüber den Kindern ab, was den Partner zurücksetzen und verletzen wird.

» Loyalitätsprobleme der Kinder

Viele Kinder kommen durch die neue Patchwork-Familie in Loyalitätskonflikte zwischen Patchwork-Vater und ihrem außen lebenden Vater. Sie möchten ihren leiblichen Vater weder verletzen noch verlieren, wenn sie zunehmend freundschaftlicher und liebevoller mit dem neuen Partner der Mutter umgehen. Sie wagen nicht auszusprechen, dass das Familienleben mit dem Patchwork-Vater entspannter und harmonischer geworden ist. Der leibliche Vater wird diesen Konflikt wenig wahrnehmen, weil die Kinder kaum etwas von Zuhause erzählen. Oder aber sie erzählen doch, und der Vater reagiert vielleicht, indem er seine Vaterrolle betont, was die Kinder beschwert und ihre Zerrissenheit verstärkt. Diese Konkurrenzsituation wird am besten von den Patchwork-Eltern offen angesprochen mit dem Ziel, den Kindern Halt und Orientierung zu geben. Da der Patchwork-Vater dieses Problem selbst am deutlichsten wahrnimmt, könnte er den Kindern Folgendes sagen: „Gegenüber euren Freunden habt ihr jetzt den Vorteil, zwei Väter zu haben: Jeder hat gewisse Vorzüge, also nutzt das, was ihr von uns bekommen könnt." (Übung: „Positive Eigenschaften suchen")

Zur Entlastung der Kinder kann es hilfreich sein, wenn sie in ihrer Patchwork-Familie zusammen mit dem sozialen Vater selber positive Eigenschaften für den außen lebenden Vater sowie für den Patchwork-Vater sammeln, benennen und zuordnen können, um so ihr inneres Gleichgewicht wiederherzustellen.

Loyalitätskonflikte werden stark sein, solange der außen lebende Vater versucht, in einem besonders intensiven Verhältnis zu den Kindern zu bleiben. Viele außen lebende Väter orientieren sich aber im Laufe der Zeit um, sie beginnen eine neue Partnerschaft, und vielleicht gehören dazu auch andere Kinder. Die Entwicklung deutet darauf hin, dass der Vater seine Kinder nicht mehr für so wichtig hält und sie mit ihren Bedürfnissen weniger wahrnimmt. Die Kinder fühlen sich dann vernachlässigt und ungeliebt. Eine erneute Problembewältigung liegt vor ihnen. Diese Entwicklung kann die Position des Patchwork-Vaters stärken, wenn er einfühlsam auf die Trauer und Enttäuschung der Kinder eingeht. Er sollte vermeiden, den leiblichen Vater zu kritisieren.

Die neue Partnerschaft des außen lebenden Vaters kann aber auch Gegenteiliges auslösen: Die Kinder sind durch seine Beziehung entlastet. Sie fühlen sich freier und können sich mit vollem Herzen auf die Patchwork-Familie konzentrieren. (Mehr zur Beziehung der Kinder zum außen lebenden Vater weiter hinten in Kap. 3.)

> » Welche Rolle will der Patchwork-Vater ausüben?

Der Patchwork-Vater ist häufig der Hauptverdiener und wird außerhalb der Familie noch ein breites Betätigungsfeld haben. Damit sind seine Aufgaben als Partner und Familienvater eingeschränkt, was eine besondere Beziehung zwischen Patchwork-Vater und Kindern erst langsamer entstehen lässt.

Auch gibt es Patchwork-Väter, die eine nicht so enge Bindung an die Familie oder genauer an die Kinder vorziehen. Das können eingefleischte Junggesellen sein, für die die Anforderungen seitens der Familie zu umfangreich sind. Vielleicht einigt er sich mit seiner Partnerin zunächst darauf, erst einmal Familienfreund oder Gastvater zu spielen, der eher an den schönen Ereignissen der Familie beteiligt ist, die meistens am Wochenende stattfinden. Das ist für die Mutter sicherlich vorerst belastend, wenn sie in der Hauptsache für die Klärung von Problemen zuständig bleibt. Doch sie lebt mit der Zuversicht, dass durch Gewöhnung des Partners an die Familiensituation langfristig eine passende Lösung gefunden werden kann.

> » Was beeinflusst die Anerkennung des Patchwork-Vaters?

Neben seinem persönlichen Auftreten und der wohlwollenden Unterstützung durch die Mutter ist die Anerkennung mittelbar auch vom leiblichen Vater abhängig. Wenn dieser sich nicht loyal verhält, wenn er den Patchwork-Vater oder die Patchwork-Familie schlechtmacht, sind die Kinder irritiert und bleiben zwangsläufig auf Abstand. Das ist einer der Gründe, weswegen wir die Gründung eines Elternpakts mit dem außen lebenden Vater vorschlagen, nachzulesen im folgenden Abschnitt. Sollte der Loyalitätskonflikt doch beherrschend werden, hilft nur geduldiges Gegensteuern durch vermehrte Gespräche der leiblichen Eltern miteinander – verbunden mit der Bitte, dass der außen lebende Vater seine Kritik an der Patchwork-Familie direkt mit der Mutter, seiner Expartnerin, bespricht, vielleicht auch in Gegenwart der Kinder. In der Familienberatung erleben wir, wie disziplinierend die Anwesenheit der Kinder auf getrennt lebende Eltern wirken kann.

Abschließend noch ein Beispiel für die zügige Anerkennung des Patchwork-Vaters:

> *Vater Franz bemühte sich die ersten beiden Jahre nach der Trennung um wöchentlichen Kontakt zu seinen Kindern, dann wurden die Treffen seltener, sie fanden meistens nur noch einmal im Monat statt. Grund waren Geschäftsreisen ins Ausland, die durchaus zwei oder drei Monate dauern konnten. Inzwischen ging er eine feste Beziehung ein, heiratete, und dann kam noch ein Kind. Das irritierte seine Kinder aus der Erstehe. Eines zog sich mit seinen Enttäuschungen und Verletzungen, nicht genügend gesehen zu werden, zurück, eines brach den Kontakt ganz ab. Es wurden keine Zeiten mehr für gemeinsame Ferien verabredet, die Kontakte beschränkten sich auf gelegentliches Anrufen oder kurze Treffen. Der neue Partner der Mutter fühlte sich immer mehr zuständig für die Belange der Kinder, seien sie schulischer oder familiärer Art. Er half bei den Hausaufgaben, lehrte sie Tischtennisspielen, sorgte für Klavierunterricht der Tochter und für eine Ruderserausbildung des Sohnes. Er verbrachte die Ferien gemeinsam mit den Kindern und seiner Partnerin. Die Kinder lernten ihn schätzen und betrachteten ihn schließlich als ihren sozialen Vater.*

» Umfrageergebnisse zur Rolle des Patchwork-Vaters

Insgesamt haben Befragungen von Kindern und Jugendlichen im Auftrag des Bundesministeriums für Familie, Senioren, Frauen und Jugend ergeben, dass Patchwork-Väter meistens eine sehr bedeutsame Rolle im Leben der Kinder spielen. Dementsprechend stehen sie keineswegs der subjektiven Bedeutsamkeit des leiblichen Vaters nach.

> „Im Gegenteil reicht die subjektive Bedeutsamkeit des leiblichen Vaters nur dann an die Präsenz des Stiefvaters heran, wenn häufiger – das heißt: mindestens monatlicher – Kontakt zum getrennt lebenden leiblichen Vater besteht." (Bien et al. 2002, 17)

Ausschlaggebend für die Beziehung der Kinder zu ihren Eltern ist vor allem deren Erziehungsverhalten:

> „Je mehr kindgerechte Kommunikation die Kinder seitens ihrer Eltern erfahren, desto mehr teilen sie sich selbst den Eltern mit und desto wichtiger sind ihnen die Eltern. Interessanterweise wird dem Stiefvater nicht nur dann mehr Bedeutsamkeit beigemessen, wenn er selbst stark auf die Kinder eingeht, sondern auch, wenn der leibliche Vater gleichzeitig als wenig positiv-kommunikativ erlebt wird." (Bien et al. 2002, 18)

2.5 Einbeziehen des außen lebenden Vaters

Die Patchwork-Familie will sich ungestört entwickeln und selbstständig handeln können. Das heißt, die neuen Partner brauchen Zeit, sie möchten, dass ihre Patchwork-Familie als eigenes Familiensystem bestehen kann, auf das der Expartner keinen Einfluss mehr haben soll. Das wird eine Illusion sein, besonders wenn der leibliche Vater eine intensive Beziehung zu den Kindern pflegt. Denn trotz Gründung der Patchwork-Familie bleibt er mit den Kindern verbunden und die Kinder mit ihm, er ist also ein Teilsystem der Familie. Ein Beispiel:

> *Vater Werner wohnt nach der Trennung eine Autostunde von seinen beiden Töchtern entfernt. Seine Frau Mia hatte sich von ihm getrennt, sie ist einem neuen Mann begegnet. Die Töchter, zehn und elf Jahre alt, leben in ihrem Haushalt. Mit der Mutter pflegt Werner ein recht gutes Einvernehmen, allerdings ist ihr neuer Partner in seiner Anerkennung bei den Kindern nicht über die Stufe eines Freundes hinweggekommen. Der Patchwork-Vater hat dies akzeptiert, zumal ihm gegenüber keine Aggressionen geäußert werden und generell in der Familie ein angenehmer Umgangston gepflegt wird. Ursache für die auch nach fünf Jahren fehlende Anerkennung als sozialer Vater ist Werner selbst in seiner Rolle als leiblicher Vater, der beinahe täglich telefonische Kontakte zu seinen beiden Kindern pflegt. Er erkundigt sich regelmäßig nach den Freuden und Sorgen der Kinder in Schule,*

Freundeskreis und Familie. Den Besuch an jedem zweiten Wochenende nutzt er für Ausflüge, die die Kinder sich wünschen. Er ist bei Schulveranstaltungen manchmal anwesend, während der Partner der Mutter nicht als Konkurrent daran teilnehmen will. Werner hat gemeinsam und erfolgreich mit der ältesten Tochter nach einem Internat gesucht, damit diese die Klippe des Abiturs schaffen kann.

Dieses Beispiel zeigt, wie der Patchwork-Vater im Hintergrund geblieben ist. Der leibliche Vater hat durch seine ständige Gegenwart, wenn sie auch nur telefonisch war, ihm kaum Chancen eingeräumt, eine Rolle als sozialer Vater auszufüllen. Die enge Bindung der Kinder an Werner hat diesen so viel Halt gegeben, dass sie eine besondere emotionale Beziehung zum Partner der Mutter nicht brauchten. Es reichte für ihre innere Stabilität, ihn als Freund und manchmal als Mentor zu akzeptieren.

» Kooperation mit dem außen lebenden Vater

Die Patchwork-Eltern werden eine gewisse Kooperation mit dem leiblichen Vater eingehen müssen. Gute Kooperation wird den Kindern notwendige Anpassungsleistungen erleichtern. Sie werden weniger gezwungen sein, Partei zu ergreifen und zwischen zwei feindlichen Lagern hin- und her pendeln zu müssen. Und die Patchwork-Eltern können sich auch in Sonderfällen oder in Wochenend- und Ferienzeiten in der Betreuung der Kinder entlasten lassen.

Zu der vorzuschlagenden Kooperation gehören zwei Seiten: die Patchwork-Eltern und der außen lebende Vater. Die Frage ist, wie jeder sich auf die neue Situation einlassen kann. Der Vater wird möglicherweise am Anfang sehr engagiert sein: Nach dem Verlust der Partnerschaft ist ihm die Beziehung zu den Kindern geblieben. Geht er eine neue Partnerschaft ein oder ist sie längst eingegangen, kann sich das allerdings schnell ändern.

In einer Langfristuntersuchung von Scheidungsfällen ließen sich drei Typen von außen lebenden Vätern unterscheiden (Hetherington/Kelly 2003, 164 f):

- Aktiver teilnehmender Vater: Der Vater kümmert sich fast täglich um die Kinder, durch Anrufe, Mails und häufige Treffen. Er nimmt auch an Veranstaltungen für die Kinder teil.
- Scheidungsaktivierter Vater: Dieser Vater spürt, was er durch Trennung und Scheidung verloren hat. Er bemüht sich seitdem besonders intensiv um die Kinder.
- Deaktivierter Vater: Er hat das Interesse an den Kindern verloren. Er ist engagiert in einer anderen Partnerschaft oder sogar in einer anderen Familie. Vielleicht nimmt sein Beruf ihn sehr in Anspruch. Oder die Kinder sind für ihn durch die neue Familiensituation entfremdet, so dass sein Engagement stark zurückgegangen ist und die Kinder ihn zu Kontakten auffordern müssen. Letzteren Zustand beobachten wir häufig, er ergibt sich nach Scheidung und Gründung der Patchwork-Familie meistens schleichend.

Nach diesen Erhebungen macht die letzte Gruppe von Vätern ein Viertel aller befragten Väter aus, allerdings mit abnehmender Tendenz. Es wird vermutet, dass gemeinsames Sorgerecht und Mediation für die leiblichen Eltern die Väter engagierter werden lassen. Für die Patchwork-Eltern bedeuten diese unterschiedlichen Verhaltensweisen der leiblichen Väter, dass sie erst einmal abwarten müssen, um zu sehen, wie sich der Kontakt zwischen Kindern und Vater entwickeln wird. Die leiblichen Väter mögen am Anfang engagiert sein, aber wie lange werden sie durchhalten? Falls das Engagement abflacht, bieten sich dem Patchwork-Vater mehr Anlässe, seine Beziehung zu den Kindern zu vertiefen. Er ist gefragter in alltäglichen Angelegenheiten oder zuständig für technische Probleme wie Lampen anbringen oder Reifenwechsel beim Fahrrad.

Untersuchungen des Deutschen Jugendinstituts ergeben, dass die Kinder der Patchwork-Familie ihren externen Elternteil seltener sehen als Kinder Alleinerziehender. Die Gründung einer Patchwork-Familie führt also zu einem Rückgang der persönlichen Kontakte zwischen den Kindern und dem außen lebenden Vater (Bien et al. 2002, 185). Die Untersuchungen haben sich auch mit Einflussfaktoren auf die Beziehung zwischen Kindern und externen Elternteilen beschäftigt. Die Trennungsdauer spielt eine Rolle: Je länger die Trennung her ist, desto geringer werden die Kontakte.

> „Liegt die elterliche Trennung weniger als 5 Jahre zurück, haben 22% der Stiefkinder keinen Kontakt mit dem externen Elternteil, liegt die Trennung zwischen 6 und 10 Jahren zurück, beträgt der Anteil schon 44%, und bei einer Trennungsdauer von 11 bis 17 Jahren ist der Anteil auf 56% angestiegen." (Bien et al. 2002, 186)

Wenn wir unterscheiden, ob die Kinder in einer nicht-ehelichen oder ehelichen Patchwork-Familie leben, wird ersichtlich, dass sich mit einer Heirat der Patchwork-Eltern die Verbindung der Kinder zum außen lebenden Elternteil weiter reduziert (Bien et al. 2002, 189).

» **Kontakt des Vaters zum Patchwork-Vater**

Der leibliche Vater wird zunächst den Patchwork-Vater skeptisch beäugen. Der ist nicht nur ständig mit seinen eigenen Kindern zusammen, er wird sich auch fragen: Wieso kommt der besser mit meiner Exfrau zurecht? Es kann in der Luft liegen, dass eine Konkurrenz zwischen den Männern entsteht. Konkurrenzsituationen zum leiblichen Vater sollte der Patchwork-Vater abwehren, weil sie eine friedfertige Kooperation im Interesse der Kinder gefährden. Manchmal wird die Konkurrenz auf anderen Schauplätzen ausgetragen. Sie spiegelt sich z. B. in finanziellen Auseinandersetzungen wider, häufig über die Finanzierung von Unterhalt, von besonderen Aktivitäten wie Auslandsreisen der Kinder oder kostspieligen Kleidungsstücken. Falls sich der Eindruck einer sich kontinuierlich entwickelnden Konkurrenzsituation bestätigt, ist es notwendig, sie zumindest durch Gespräche und Verabredungen im Rahmen des Elternpaktes zu entschärfen.

2.6 Vorschlag für einen Elternpakt

Damit die Expartner ihre Kooperation als leibliche Eltern intensiver abstimmen und autonomer als Mutter oder Vater handeln können, schlagen wir die Einrichtung eines Elternpakts vor. Das könnte die Umgangsvereinbarung (z. B. nach dem Vorbild von VAMV 2010, 58), die direkt nach der Trennung getroffen wurde, ergänzen oder überflüssig machen. Dieser Elternpakt soll eine Normalisierung der elterlichen Beziehungen ermöglichen. Wenn inzwischen eine Atmosphäre des Wohlwollens herrscht, eine wertschätzende Haltung entstanden ist und die leiblichen Eltern sogar mal füreinander einspringen, wird so ein Pakt eine Selbstverständlichkeit sein. Damit wird zugleich den Kindern ein friedliches Miteinander der Eltern signalisiert, das sie beruhigt und entlastet. In Ausnahmefällen kann statt Beruhigung auch die alte Sehnsucht nach der Erstfamilie wiederkehren, weil die leiblichen Eltern anscheinend keinen Grund mehr haben, getrennt zu sein. Warum ziehen sie nicht wieder zusammen, wenn sie sich doch gut vertragen? In dieser Situation ist die Mutter gefordert, ihre Partnerschaft einfühlsam zu verteidigen – mit Hinweisen auf die gute Entwicklung der Kinder und wertschätzenden Erinnerungen an hilfreichen Kontakt zwischen Kindern und Patchwork-Vater.

Ziel des Elternpaktes ist nicht die Beilegung des Streites aus Trennung und Scheidung. Er soll vielmehr zukünftige Verabredungen umfassen, wie mit den Kindern umgegangen wird. Das bezieht sich nicht allein auf sogenannte Umgangsregelungen, wie z. B. Besuchsregeln für den außen lebenden Elternteil. Der Elternpakt soll auch Vereinbarungen umfassen, die eine Störung des Kontaktes der Kinder mit allen Beteiligten der alten und neuen Familie vermeiden. Wie können Vereinbarungen im Elternpakt erzielt werden?

> Vorschlag für einen Gesprächsablauf beim Elternpakt
>
> - Verabredung von Gesprächsregeln,
> - Sammlung von Themen und Entscheidung für die Reihenfolge der Besprechung,

- Vorstellung des ersten Themas (ohne Lösungsvorschlag),
- sachliche Erörterung des Problems (z. B. Schulwechsel der Kinder, Reisen),
- Lösungsideen sammeln,
- Suche nach gemeinsam akzeptiertem Vorgehen,
- Formulieren einer Vereinbarung.

Die Eltern sollten Vereinbarungen nur auf sachliche Fragen bezogen treffen. Um Missstimmungen aus dem Wege zu gehen, bietet sich die Gesprächsform mit Ich-Botschaften an, wie z. B.: Ich schlage die und die Lösung vor, ich kann das so nicht nachvollziehen. Mit Ich-Botschaften bleiben die Gesprächspartner bei ihren eigenen Gefühlen. Du-Botschaften führen leicht zu beleidigenden Aussagen oder Angriffen, und die wiederum zu Gegenattacken. All das erschwert unnötig die Besprechung des gemeinsamen Anliegens.

Wie lassen sich Verletzungen oder Zurückweisungen in heiklen Situationen vermeiden? Vielleicht geht es humorvoll oder spielerisch mit dem Zeigen einer Gelben oder Roten Karte wie beim Fußball. Die Gelbe Karte dient als Verwarnung, weil die Auseinandersetzung in schiefe Bahnen läuft, die Rote heißt: Abbruch des Gespräches. Misslingt dieses oder ein ähnliches Verfahren, sollten sich die Expartner und Eltern mit einer neutralen Person, z. B. einer gemeinsamen Freundin, eine Lösung erarbeiten. Hilfreich kann letztendlich auch ein Klärungsgespräch mit einer Familientherapeutin in einer Beratungsstelle sein. Diese leitet gegebenenfalls eine Mediation ein mit dem Ziel, verbindliche Kompromisse zu finden.

» Themen für einen Elternpakt

Umgang mit Ärger: Ärger über den anderen aus alten Zeiten sollte nicht an Dritte in beiden Familien, weder an Großeltern und andere Verwandte noch an die Kinder weitergegeben werden. Das vermeidet Missstimmung in den Familien der Expartner.

Austausch von Erziehungsregeln: Gegensätzliche Auffassungen über Erziehung, über Regeln, Disziplinierung oder Verwöhnen waren manchmal wesentliche Gründe für die Trennung der Eltern. Wenn beide Elternteile in Erziehungsfragen engagiert sind und dabei in konkreten Situationen unterschiedliche Auffassungen vertreten, können sie sich vielleicht auf ein Buch als Grundlage für ihre Verhandlungen einigen, dessen Verfasser sie als eine gewisse Autorität anerkennen (unser Vorschlag: Thomas Gordon 2009). Wenn Eltern sich nicht einigen können, sollten sie sich wenigstens gegenseitig über ihre Regeln informieren und darüber, was sich seit der Trennung geändert hat, wie auf erwachsen werdende Kinder reagiert wird, wie die Grenzen für diese im Einzelnen festgelegt sind oder verändert werden sollten. Bei Nichteinigung ist es zumindest gut, von den Verhaltensregeln des anderen zu wissen.

Absprachen über den Besuch der Kinder beim Vater: Wesentliche Vereinbarungen sind vielleicht als Umgangsregeln schon vom Gericht festgelegt. Starre Regeln werden irgendwann zu offenen oder verdeckten Protesten der Kinder führen. Flexibles Aushandeln sollte sich nicht nur allein auf die Verschiebung von Terminen auf Wunsch eines der Erwachsenen beziehen. Insbesondere sollten die Wünsche der Kinder bei den Besuchsterminen berücksichtigt werden. Dabei kann es darum gehen, dass eine Geburtstagsfeier oder ein Turnier Vorrang erhält oder dass die Kinder keine Lust haben, überhaupt zum Vater zu kommen. Auch sollte die Urlaubsplanung frühzeitig vereinbart werden.

Bei der generellen Festlegung der Besuchszeiten halten wir in Übereinstimmung mit vielen Berufskollegen eine 50-zu-50-Wechselregelung für wenig sinnvoll, wenn also die Woche in zwei fast gleiche Abschnitte der Betreuung im Wechsel der Elternteile aufgespalten wird oder ein wöchentlicher Wohnungswechsel stattfindet (mehr dazu in Kap. 5).

Unterhalt für die Kinder: Unterhalt wird pauschal gezahlt. Aber was ist mit dem Sonderbedarf für die Kinder, ein neues Fahrrad, eine selbstständige Reise, eine teure Sportausrüstung wie z. B. für Surfen? Beteiligt sich der Vater an den Kosten? Ist es für den

Vater angenehmer, auf ein Konto für die Kinder zu zahlen, was spätestens nach Auszug der Jugendlichen in Betracht kommt? Mit dem Unterhalt gibt es besonders dann Probleme, wenn das Interesse des Vaters an den Kindern abgenommen hat.

Alte Kontakte zur Familie der Expartner: Den Kindern zuliebe sollten die Kontakte zu den Familien der Expartner von beiden Seiten gepflegt werden. Wenn der Patchwork-Vater bei Familienfeiern des Expartners dabei sein kann, gilt er auch für die Kinder als zur Familie gehörig. Einladungen können von der Mutter direkt mit den betroffenen Großeltern oder Geschwistern abgesprochen werden.

Regelmäßiger Austausch der Eltern untereinander: Zumindest ein kurzes Gespräch sollte monatlich stattfinden, vielleicht nur per Telefon. Wenn die getrennt lebenden Eltern sich besser verstehen und alte Wunden vernarbt sind, sollten sie sich ab und zu an einem neutralen Ort treffen. Vielleicht können auch die jeweiligen Partner dazu eingeladen werden als Experten für die Kinder. Wichtig ist, dass die Gespräche nicht nur zur Beilegung eines Streitfalls stattfinden. Sie sollten einer stressfreien Normalität der Elternschaft dienen, also auch dazu genutzt werden, Erfahrungen über die Kinder auszutauschen. Zum Beispiel diese:

- Wie geht es den Kindern in Schule und Kindergarten?
- Wie ist die Mutter mit den Einrichtungen zufrieden, was meinen die Kinder?
- Wie ist die persönliche Entwicklung der Kinder?
- Was bewegt sie?
- Welche Freizeitaktivitäten lieben sie und wie können sie dabei unterstützt werden?
- Was beobachtet und erfährt der Vater an den Besuchstagen?

Nicht immer wird ein derartiger Elternpakt zustande kommen und umgesetzt werden. Die Einrichtung eines Elternpaktes könnte zumindest das Ziel einer Mediation sein, die ein Berater durchführt. Das würde die Kommunikation und Lösung aller später auftretenden Konflikte erleichtern.

2.7 Kommunikation in der Patchwork-Familie

Wichtigster Austausch in der Familie ist die Kommunikation, das Miteinander-Reden. Was macht gute Kommunikation aus? Offen und fair soll es zugehen, ehrlich und konkret auf den Punkt gebracht, mit Mut auch zu Kritik, aber nicht verletzend. In unseren Beratungen haben sich folgende Vorschläge bewährt (Gordon 1981):

Anregungen zur Kommunikation

- Beobachten und Bewerten trennen, zuerst die Beobachtung schildern, dann die Wirkung. Anstatt zu sagen: „Du bist unaufmerksam" besser: „Du guckst mich nicht an, sondern siehst aus dem Fenster. Ich habe den Eindruck, du hörst mir nicht zu." Ergebnis: Der Angesprochene kann sein Verhalten ändern und muss sich nicht rechtfertigen.
- Identität und Verhalten trennen. Die Zuweisung: „Du bist" steckt Menschen in Schubladen, aus denen sie kaum herauskommen können. Statt zu urteilen: „Du bist faul" ist es besser, präzise zu sagen: „Du hast den Müll nicht rausgetragen." Die Beschreibung des Verhaltens lässt die konkrete Möglichkeit zur Veränderung offen.
- Statt „Ja, aber…" zu sagen ist es besser zu formulieren: „Habe ich dich richtig verstanden, dass…" Diese Frage erzeugt Austausch und schafft tiefere Kenntnis voneinander, eine Voraussetzung für bessere Argumente. Außerdem: Wer fragt, der führt.
- Statt zu sagen: „Man macht das so" ist es besser zu formulieren: „Ich mache es so/ich sehe es so…". Wenn wir einen Sachverhalt in einer bestimmten Art einschätzen, heißt das noch nicht, dass alle anderen Menschen gleichziehen.
- Konkrete Hinweise geben. Statt: „Gehe nicht auf den Rasen", ist es besser zu sagen: „Bleibe auf dem Gehweg." Wenn das Kind weiß, was es nicht soll, weiß es noch nicht, was es tun soll.

- Vage Formulierungen vermeiden. Statt zu sagen: „Sei doch etwas rücksichtsvoller" ist es besser, seinen Wunsch direkt auszudrücken: „Ich möchte nicht vom Eingang weggedrängelt werden, ich möchte frei eintreten können."

Klare Kommunikation vermittelt Respekt. Es gibt jedoch keine Rezepte, die wie Kennzahlen anwendbar wären. Entscheidend ist die Haltung, nicht das Werkzeug. Dazu gehören das gegenseitige Wahrnehmen und die Akzeptanz des anderen. Wenn differenzierte Wahrnehmung fehlt, sind Missverständnisse vorprogrammiert. Ein „Werkzeug" für die Klärung und Lösung von Problemen möchten wir Ihnen als Anregung empfehlen:

» **Das Quadratgespräch**

Schulz von Thun (1988, 44 ff) hat ein einfaches Modell entwickelt, mit dem Kommunikation dargestellt und Redeweisen analysiert werden können, das sogenannte Kommunikationsquadrat (Abb. 5, Details vereinfacht dargestellt). Durch die Aufteilung in vier Elemente (Sache, Gefühl, Beziehung und Appell) lässt sich jede Kommunikation differenzieren. Dies gilt sowohl für den verbalen wie für den nonverbalen Austausch.

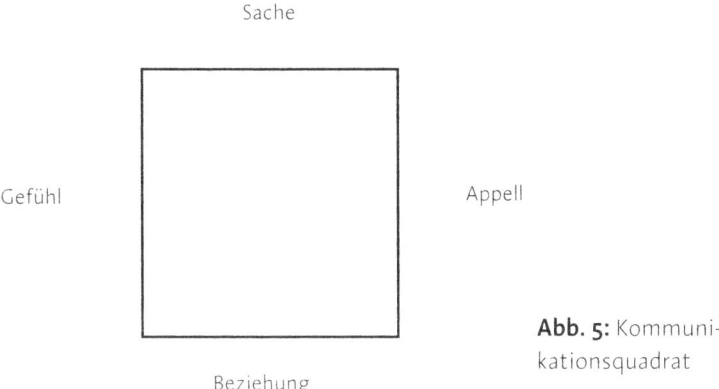

Abb. 5: Kommunikationsquadrat

Beispiel 1: Der Sohn sagt beim Abendessen zur Mutter: „Der Apfelsaft ist alle." Dieser Satz kann Folgendes beinhalten:
Sache: Die Flasche ist leer.
Gefühl/Selbstoffenbarung: Ich habe Durst und will noch mehr trinken.
Beziehung: Die Mutter ist dem Sohn gegenüber hilfsbereit.
Appell: Bring mir eine neue Flasche Apfelsaft.
Die Mutter als Empfängerin der Botschaft entscheidet, auf welche Seite der Nachricht sie eingeht z. B. kann sie auf die Selbstoffenbarung reagieren: „Nach so einer anstrengenden Lauferei ist man bestimmt sehr durstig." Oder sie reagiert auf den Appell: „Ich gehe gleich in den Keller und bringe dir eine neue Flasche Apfelsaft."

Beispiel 2: Michael klagt bei seinem Patchwork-Vater darüber, dass er wieder eine Fünf in Mathe geschrieben hat.
Sache: Er hat eine schlechte Note.
Gefühl: Michael ist deprimiert.
Beziehung: Der Sohn vertraut sich dem sozialen Vater an, er hat ein gutes Verhältnis zu ihm.
Appell: Sag mir, was ich tun kann. Hilf mir.
Wenn der Patchwork-Vater auf das Gefühl reagiert, könnte er sagen: „Das macht erstmal mutlos. Das kenne ich auch."

Wofür ist dieses System nützlich? Die Informationen können entsprechend konkret differenziert und damit gut verstanden werden. Für die Gespräche in der Familie kann der Bezug auf einen Teil der Aussage wichtig sein, um eine genaue Kenntnis z. B. der Sachlage zu erhalten. Besonders Kinder drücken gerne nur ihren Ärger aus (also Gefühle), ohne über den sachlichen Hintergrund ihres Ärgers zu informieren. Das Kommunikationsquadrat macht deutlich, dass eine Aussage nicht nur sachliche Grundlagen hat, sondern ergänzt werden muss um andere Elemente (Gefühl, Beziehung, Appell), damit eine Information tatsächlich umfassend wird.

Schließlich kann es als sogenanntes „Quadratgespräch" zur Klärung und Schlichtung von Streit benutzt werden. Gemeinsam werden dann anhand einer vorliegenden Skizze des Quadrates dessen vier Elemente in folgenden Schritten durchgegangen:

1. Verstehen des Problems bezogen auf die einzelnen Elemente,
2. Erkennen der unterschiedlichen Sichtweisen der Gesprächsteilnehmer,
3. Gemeinsame Suche nach möglichen Lösungen,
4. Entscheidung für eine Lösung oder einen Lösungsweg.

Diese gern in Unternehmensabteilungen benutzte Vorgehensweise („Legen wir doch mal das Quadrat auf das Problem!") ist gut geeignet zur Anwendung in Familienkonferenzen (in Kap. 4.2, Storming-Phase).

» Weitere Kommunikationsstrategien

Es gibt Formen von Kommunikation, die weitgehend unabhängig vom Inhalt in Gesprächen anwendbar sind und mit wenig Aufwand maximale Wirkung erzielen. Sie helfen, Reibungsverluste im sozialen Kontakt zu verringern.

Nicht in der Vergangenheit haften bleiben – in die Zukunft denken: Bisher war es so ..., was ist danach?

> *Wenn der Sohn mault: „Zu Englisch hab ich überhaupt keine Lust, Vokabeln lernen ist doof, und ohne Vokabeln verstehe ich beim Übersetzen sowieso nur Bahnhof", könnte ein Elternteil diese Aussage wiederholen mit dem Zusatz: „Du meinst, dass es daran gelegen hat, dass du in der Vergangenheit einfach keine Lust auf Englisch hattest, dann die Vokabeln nicht gelernt hast und danach die Übersetzungen nicht schaffen konntest?"*

Durch diese Wiederholung wird nicht nur Verständnis erzeugt, sondern mit dem kurzen Zusatz „in der Vergangenheit" indirekt die Hoffnung ausgesprochen: „In der Zukunft kann das anders sein." Es ist gleichzeitig erleichternd für den Betroffenen, wenn die Fehler, Schwächen oder Schwierigkeiten in die Vergangenheit verbannt werden: In der Vergangenheit hatte der Sohn zu Englisch keine Lust, in der Vergangenheit verstand er beim Übersetzen nur Bahnhof, ... Damit lässt sich die Tür für zukünftige bessere Lösungen offen halten oder öffnen (Prior 2010, 16 f). Über Schwächen, Schwierigkeiten oder Probleme in der Vergangenheitsform zu sprechen bietet die Chance, ohne Ärger über die Zukunft nachzudenken. Es sind kleine, fast unscheinbare sprachliche Wendungen, die große Wirkung erzielen.

Nicht „ob", sondern „wie, was, welche" fragen.
Die Frage ist für den Jugendlichen nicht, ob er bereit ist, mehr zu lernen. Die Frage ist, wie er es hinbekommen kann, sich die Vokabeln vorzunehmen, und welche Gedanken er sich dazu macht. Statt zu fragen, ob der Jugendliche bereit ist, in Englisch ernsthaft etwas zu tun, ob er sich schon Gedanken gemacht hat über neue Lernstrategien – was er sicherlich nur mit Ja oder Nein beantwortet, um in Ruhe gelassen zu werden – , könnte der Elternteil z. B. sagen:

> *Ich wüsste gern ...*
>
> *- wie du es hinbekommen kannst, für Englisch mehr zu tun,*
> *- wie du es schaffen kannst, konsequenter die Vokabeln zu lernen,*
> *- welche Ideen du hast, wie sich dieses Problem lösen lässt (Prior 2010, 20).*

Die Eltern wollen ja nicht wissen, ob der Jugendliche Ideen hat, sondern welche er schon hat oder durch diese Frage bekommen kann.

Positive Formulierungen suchen – „was stattdessen?"
Oft machen sich Eltern das Leben schwer, wenn sie bei der Durchsetzung von Disziplin fordern, was nicht passieren soll. Sie fordern z. B.: „Stell das schmutzige Geschirr doch nicht so kreuz

und quer neben die Spüle" anstatt zu formulieren, was stattdessen geschehen soll. Übermorgen wird das Geschirr wahrscheinlich genauso abgestellt werden, „weil die Negation des Problematischen die Gefahr seiner Verstärkung birgt" (Prior 2010, 25). Was stattdessen wäre zu empfehlen? Eine für Eltern und Kind unbefriedigende Situation lässt sich oft vermeiden, wenn das Wörtchen „sondern" benutzt wird:

> *„Stell das schmutzige Geschirr nicht so hin, sondern…" Wenn die schlechten Englischergebnisse bei Übersetzungen in gute verwandelt werden sollen, könnte die Mutter sagen: „Du willst dieses schlechte Ergebnis nicht mehr, sondern…?" Hier öffnet das Wörtchen „sondern" die Tür für ein Gespräch, das eine positive Ausrichtung der Arbeitshaltung herbeiführen und neue Ziele setzen kann.*

„Immer" ersetzen durch „oft" und „in der Vergangenheit".
Das Wörtchen „immer" in Verbindung mit einem Problem verschlimmert jede Schwierigkeit und vertieft eine bedrückende Stimmung. Wenn „immer" durch „oft" oder „in der Vergangenheit" ersetzt wird, leuchtet ein Silberstreifen von Hoffnung am Horizont und eröffnet eine Chance in Richtung positiver Veränderung.

> *Beispiel: Statt: „Immer machst du so viele Flüchtigkeitsfehler in der Englischarbeit" besser: „In der Vergangenheit hast du in der Englischarbeit oft Flüchtigkeitsfehler gemacht. In welcher Arbeit war das genau so? Und bei welcher Arbeit hast du dich besser konzentrieren können?"*

Durch Fragen wird das Problem konkretisiert und weiter eingegrenzt, es erscheint kleiner und damit leichter lösbar. Wenn gefragt wird, wann etwas gut oder besser gewesen ist, kommt die positive Situation ins Blickfeld. Und der von Misserfolgen deprimierte Jugendliche kann Hoffnung schöpfen und neuen Mut finden, neue Ziele zu definieren und häufiger anzupeilen (s. dazu auch Kap. 3.4).

„Noch nicht ..."
Manche Probleme können noch nicht befriedigend gelöst werden.

- Es macht einen Unterschied, ob Mütter kritisieren, dass das Zimmer der Kinder oder auch des Partners mal wieder völlig chaotisch aussieht oder dass Kind oder Partner „noch nicht" die Energie gefunden haben, das Chaos zu beseitigen.
- Es macht auch einen Unterschied, ob Eltern von Unfähigkeiten des Jugendlichen z.B. in Prüfungssituationen sprechen oder davon, dass er die Fähigkeit „noch nicht" genügend entwickelt hat, sein Wissen in Prüfungen parat zu haben.
- Unwissen ist „noch nicht Wissen", „noch nicht Gelerntes", oder
- Probleme sind „noch nicht gefundene Lösungen",
- Schwächen sind „noch nicht entwickelte Stärken" und
- Unfähigkeiten sind „noch nicht erworbene Fähigkeiten".

So können Eltern die Sicht auf die vorgenannten Dinge verändern. Sie sollten das „Noch nicht" aber so dosieren, dass das Kind es als ermutigende Aufforderung zur Orientierung auf alternative Möglichkeiten und Verbesserungen verstehen kann.

Konstruktive W-Fragen
Wenn Menschen Veränderung wünschen, wenn sie sich auf die Stärken einer Person, auf Ideen und Ansätze zu Lösungen orientieren, „dann sollten sie Fragen stellen, die das Gesuchte als vorhanden implizieren" (Prior 2010, 65 f). Dazu dienen Wörter wie „was", „welche", „wer", „woran", „wodurch", „wann":

- *Wie könntest du es hinkriegen, dein Zimmer aufgeräumt zu hinterlassen?*
- *Wodurch könntest du dir besser merken, dass das schmutzige Geschirr ordentlich abgelegt werden soll?*
- *Was war in dem letzten Vokabeltest besser als im vorherigen?*
- *Wann hast du bei Arbeiten ein bisschen weniger Angst gehabt?*

Durch diese Fragen wird einerseits vermittelt, dass Gesprächspartner interessiert sind, Situationen einzuschätzen, und genauer wissen wollen, was geschehen ist, und dass andererseits ihnen die Antworten wichtig sind.

„Du denkst, du kannst das nicht."
Das Kind kommt von einer Trainingsstunde beim Judo nach Hause und sagt: „Ich kann kein Judo." Eine verständnisvolle Spiegelung darauf wäre: „Du denkst, du kannst das nicht." Die Mutter akzeptiert die gedachte Einschränkung und stellt ihr gleichzeitig die andere Seite einer zusätzlichen Möglichkeit gegenüber. Weiter kann die Erwachsene sagen: „Du denkst, du kannst Judo nicht. Du kannst auch etwas anderes denken. In deinem Leben hast du schon manche Dinge gelernt, von denen du dachtest, das könntest du nie. Erinnere dich daran, wie du Radfahren gelernt hast: Unabhängig von deinem Denken hattest du Fähigkeiten, dass du es plötzlich doch konntest. Auf diese Fähigkeiten kommt es jetzt an."

Wir hoffen, dass wir Sie nicht überschwemmt haben mit diesen vielen Kommunikationsstrategien. Manche werden Sie sicherlich längst anwenden, für andere können Sie sich schnell entscheiden und ihren Gebrauch trainieren.

3 Die Kinder auf dem Weg in die neue Familie

Für den zukünftigen Zusammenhalt der Patchwork-Familie ist es förderlich, wenn die Kinder je nach Alter und Entwicklungsstufe in den Prozess der Umwandlung der Restfamilie einbezogen werden. Erst mit ihrer aktiven Beteiligung entstehen Voraussetzungen für ein zufriedenstellendes Familienleben. Vorher, im Prozess der Trennung, manchmal auch im Prozess des Aufbaus der Restfamilie mussten die Kinder sich den sachlichen Notwendigkeiten beugen und sich mit ihnen arrangieren. Grundlegendes Ziel ist jetzt, dass die Patchwork-Familie für die Interessen und Belange der Kinder offen ist, um in ihrer neuen Form angenommen und akzeptiert zu werden.

Die Kinder haben durch die Trennung der Eltern belastende, negative Erfahrungen gesammelt, das Leben hat sich in der Restfamilie aber inzwischen eingespielt. Dadurch sind sie möglicherweise schon geübt, sich auf neue Situationen einzustellen. Und es besteht die Hoffnung, dass sie sich öffnen werden für einen weiteren Anpassungsvorgang.

3.1 Unterschiedliche Entwicklungsstufen der Kinder

Vorweg stellen wir die übliche Entwicklung von Kindern vor, die durch besondere Themen in der Patchwork-Familie verstärkt werden können. In der Zeit der Kindheit und Jugend unterscheiden wir tief greifende Entwicklungssprünge. Diese Zeit lässt sich grob in fünf Entwicklungsstufen einteilen:

- das Kleinkindalter (bis 2 Jahre),
- das Vorschulalter (3–5 Jahre),
- das Grundschulalter (6–10 Jahre),

- das frühe Jugendalter (11–13 Jahre) und
- das mittlere Jugendalter (bis 16 Jahre).

» Kleinkinder und Kinder im Vorschulalter

Kleinkinder haben, mindestens bis zum Alter von drei Jahren, eine starke Bindung an eine Bezugsperson. Das ist in der Regel die alleinerziehende Mutter, die dem Kind im Hintergrund Sicherheit gibt und zu der es bei Bedarf immer wieder zurückkehren kann, wenn es die Welt erkundet. Neu in den Haushalt kommende Erwachsene werden nicht als störend empfunden und sind für sie eher unauffällig, wenn die Bindung zur ersten Bezugsperson uneingeschränkt bleibt.

Kinder im Vorschulalter befinden sich in einem Entwicklungsabschnitt, in dem sie sich von den Eltern zu unterscheiden versuchen. Sie erfassen die Realität durch das Tragen von Konsequenzen, suchen befriedigende Antworten auf Fragen, testen ihre eigene Macht und finden nachahmenswerte Vorbilder. Nach einer Trennung der Eltern, die sie schmerzhaft bewusst miterlebten, sind sie bedürftig nach Schutz, Aufmerksamkeit und Zuwendung. Wenn das Kind während dieser Phase einen neuen Partner der Mutter und eine stabile Beziehung der Erwachsenen erlebt, wird es sich beruhigen, in der Regel positiv reagieren und die neue Elternfigur akzeptieren (s. Visher/Visher 1987, 172).

» Kinder im Grundschulalter

Schulkinder erlernen Strategien und ahmen sie nach, um in der Welt zurechtzukommen. Sie entwickeln und verinnerlichen Meinungen und Werte, nach denen die Welt zu ordnen ist. Personen außerhalb der Familie gewinnen immer mehr Einfluss, die Bedeutung der Gruppe von Gleichgeschlechtlichen und Gleichaltrigen wird größer. Die Kinder drücken ihre Gefühle relativ unbefangen aus. Sie entwickeln eigene Wertvorstellungen. Trauer über den Verlust eines Elternteils und ein Gefühl von Hilflosigkeit prägt sie. Empfindungen von Selbstzweifel und geringer Selbstachtung wirken besonders massiv, wenn ein Elternteil den Partner und die Kinder „im Stich gelassen hat".

> „Um diese schmerzlichen Empfindungen zu betäuben, idealisieren die Kinder in ihrer Phantasie den abwesenden Elternteil oft und klammern sich an den Glauben, er werde eines Tages zurück kommen." (Visher/Visher 1987, 175)

Ein daraus entspringendes Gefühl von Feindseligkeit kann dem neuen Partner der Mutter entgegenschlagen. Wichtig ist, dass die Erwachsenen zulassen, dass das Kind eine eigene Meinung haben oder sich sogar auflehnen kann und trotzdem dazugehört. Sie müssen dem Kind die Perspektive und Erlaubnis vermitteln, dass es zusätzliche Elternfiguren haben kann und nicht einen Elternteil aufgeben muss, wenn es den Patchwork-Vater akzeptiert. Auch sollten die Erwachsenen dem Kind zu erkennen geben, dass die neue Realität positive Seiten hat und einige davon schon erfahrbar waren.

Eine allmähliche psychische Stabilisierung wird es Schulkindern ermöglichen, eine vertrauensvolle Beziehung zum Patchwork-Vater aufzubauen. Denn in dieser Entwicklungsphase haben sie das Bedürfnis zeigen zu wollen, was sie können, wie sie experimentieren, wie sie herausfinden, was machbar ist. Dazu ist das neue Familienmitglied ein geeigneter Ansprechpartner. Die Kinder möchten beweisen, wie groß und stark sie bereits sind, sie brauchen Anerkennung und Wertschätzung – alles Anknüpfungspunkte für den Aufbau einer Beziehung.

Die Kinder im Grundschulalter sind ja sowieso weniger darauf bedacht, nur eine Bezugsperson zu haben, und können verschiedene Aufgaben oder Rollen an mehrere Personen vergeben: Da ist die Oma, die Geschichten vorliest, der große Bruder, der bei Rechenaufgaben hilft, der neue Partner der Mutter, der mit den Kindern zum Schwimmen fährt oder mit ihnen tobt. Zuwendungen dieser Art erleichtern den Kindern den Kontakt und fördern die Bindung an den Partner der Mutter als neue Bezugsperson. Durch Anerkennung und regelmäßige Würdigung seitens der

Erwachsenen entwickeln sie neues Zutrauen. Die Kinder spüren, dass der Kontakt zum Patchwork-Vater ihnen guttut.

» Das Jugendalter

Die menschliche Hirnentwicklung ist mit der Kindheit noch nicht abgeschlossen. Das Gehirn des Menschen durchläuft noch einmal einen drastischen Wachstums- und Reorganisationsschub, der jenem im Embryo- und Babyalter ähnelt. In der Pubertät wird das Gehirn reorganisiert, Nervenverbindungen werden gelöst und neu geschlossen. Jugendliche müssen in dieser Zeit viele Entscheidungs- und Bewertungssysteme finden und neu erlernen. Die Pubertät ist eine Zeit der Schwankungen des Energie- und Gefühlsniveaus, eine Zeit der Beschäftigung mit körperlichen Veränderungen, mit der eigenen Sexualität, mit Menschen als sexuelle Wesen. Diskussionen um zentrale Themen wie Religion, Politik, Beruf und Wertvorstellungen sind angesagt, alte Werte werden umgestürzt und Werte von Eltern und Lehrern in Frage gestellt. Pubertät ist eine Zeit des Unverständnisses und der Kluft zwischen Eltern und Kindern, zwischen alleinerziehender Mutter und dem Jugendlichen.

Teenager verfügen über eine fast unheimliche Art, Ärger zu machen, sie können in der Schule und gegenüber den Eltern unentwegt Provokationen produzieren. Nicht nur das, was sie sagen, führt dabei zu Auseinandersetzungen, sondern auch ihre Haltung, ihre Kleidung, ihre Haartracht. Sie sehen ihre Eltern als alt und unmodern an, die extra strenge Regeln erfinden, um ihre Kinder zu unterdrücken. Schnelles Wechseln zwischen kindlichen Reaktionen und reifem Verhalten, extreme Launenhaftigkeit und Verweigerung von Verantwortungsbewusstsein erschweren es den Erwachsenen, guten Kontakt zu halten. Wer kennt es nicht, dass Pubertierende sich weniger an den Rhythmus des Tageslichts halten als Kinder und Erwachsene, also sehr spät ins Bett finden. Das kann der Disziplin wenig zuträglich sein, hängt aber damit zusammen, dass die im Gehirn angesiedelte Zirbeldrüse während der Jugendjahre erst besonders spät am

Tag damit beginnt, Melatonin auszuschütten – den Botenstoff, der dem Körper signalisiert, dass es Zeit ist schlafen zu gehen.

Andererseits wollen die Jugendlichen ihre Eltern auch erfreuen und haben es gern, wenn diese stolz auf sie sind. Diesen Wunsch äußern sie weitaus weniger freimütig als jüngere Kinder. Sie haben das Bedürfnis, sich erwachsen zu fühlen und können ihre Sehnsucht nach Lob und Umsorgtsein nicht mehr so ausdrücken, wie sie es früher als Kind tun konnten.

Als Patchwork-Vater in eine Familie mit einem pubertierenden Jugendlichen zu kommen erfordert besonderes Fingerspitzengefühl, Empathie und Toleranz. Noch ein Erwachsener, der dem Pubertierenden Vorschriften machen will, kann nicht willkommen sein. Der Jugendliche hat während der Alleinerziehungszeit schon eine gewisse Unabhängigkeit genossen, konnte sich vielleicht mehr und mehr von beiden Elternteilen lösen, will weitere Abhängigkeiten aufgeben, um selbstständiger zu leben, und ringt dabei um sein Selbstbewusstsein. Er sucht eher Kontakte oder Freunde außerhalb der Familie.

Auf jeden Fall brauchen diese Jugendlichen ihre Freiheit, damit sie beginnen können, ihre individuelle Identität unabhängig von Erstfamilie oder Patchwork-Familie zu entwickeln. Denn ihre Suche nach Identität ist eine zentrale Aufgabe während der Adoleszenz. Sie ist eine Beziehungsleistung und verweist auf Kontinuität. Wobei eine Ich-Identität möglicherweise erst später im Erwachsenenalter oder sogar erst im hohen Alter ausgebildet wird – als Ergebnis einer lebenslangen Entwicklung. Das Jugendalter ist vielfach durch Offenheit und Unsicherheit gekennzeichnet, wodurch es noch nicht zur Ausbildung von festen Konturen des Selbst kommen kann.

Wenn die Patchwork-Eltern dem Freiheitsbedürfnis nachkommen, können Schwierigkeiten umschifft werden. Ansonsten muss der Jugendliche befürchten, dass ein neuer Partner seine Bewegungsfreiheit einschränkt. Denn die neue Familiengründung mit ihrem Bindungsanspruch steht seinem Wunsch nach Unabhängigkeit diametral entgegen. Der neue Partner der Mutter sollte sich wappnen mit der Fähigkeit zu innerer Distanz, um vehemente Ablehnung und Kritik des Jugendlichen nicht so nah an sich herankommen zu lassen, um sich nicht verletzt zurückzuziehen.

Andererseits kann er möglicherweise in manchen Situationen den Jugendlichen besser verstehen als die Mutter, weil er Distanz hat und nicht erziehen muss.

Das Experimentieren mit vielen Möglichkeiten, Rollen und Masken kann Jugendliche auch in die Lage versetzen, sich auf eine neue Familiensituation einzulassen (s. Visher / Visher 1987, 179). Ihre kognitive Reife ermöglicht es ihnen, die psychischen Abläufe in ihrer Umgebung bewusst zu beobachten. Ein Jugendlicher wird einschätzen können, dass seine Mutter sich durch die Lebensveränderung glücklicher fühlt, auch wenn er selbst sich anderes gewünscht hätte. Vielleicht wird der neue Partner indirekte Signale aufnehmen, die zeigen, dass dem Jugendlichen das Wohl seiner Mutter am Herzen liegt. Die Existenz des Patchwork-Vaters wirkt dann entlastend auf den Pubertierenden. Seine innere Verpflichtung verringert sich, die Mutter verantwortungsvoll versorgen zu müssen. Seine Angst, dass sie sich an die Kinder klammern könnte, weicht der Hoffnung auf ihr gutes Eingebettetsein.

Verstören kann den Sohn sowie die Tochter, wenn die Jugendlichen mit der Sexualität ihres lange allein lebenden Elternteils konfrontiert werden: Ein behutsamer Umgang mit Liebesbezeugungen der Partner zueinander wird den Umgang mit den Pubertierenden erleichtern. Auf der anderen Seite bietet die neue Partnerschaft auch ein Modell und kann Vorbild werden für die persönliche sexuelle Entwicklung der Pubertierenden.

Auf jeden Fall muss der Jugendliche weiter die Gelegenheit erhalten, Freunde zu sehen, ungestört Besuch zu empfangen und Freunde besuchen zu dürfen. Denn seine soziale Umgebung außerhalb der Familie ist für ihn ein zentraler Bezugspunkt. Und trotzdem misslingt es Patchwork-Eltern manchmal, ihr pubertierendes Kind in ihre neue Familie zu integrieren. Das ist für alle Beteiligten belastend. Hier ein Beispiel:

Für die 16-jährige Luise bedeutet der Umzug in die entfernt liegende Wohnung des Patchwork-Vaters einen gravierenden Einschnitt in ihr bisheriges Umfeld und Familienleben. Die neue Wohnsituation ist verbunden mit dem schmerzhaften Abschied von Jugendfreunden. Sie ist schon seit acht Jahren bei ihrer alleinerziehenden

Mutter aufgewachsen und hat sich mit ihr arrangiert. Zu ihrem Vater pflegte sie nur gelegentlich Kontakt, der neue Partner der Mutter bedeutet ihr wenig, und sie lässt ihn links liegen.

Die Tendenz, fremde nichtleibliche Elternteile auszuschließen, führt gerade in der Pubertät zu enormen Spannungen, wenn es den Jugendlichen um die Frage geht: „Wer bin ich? Wo komme ich her?" Auch dann, wenn die eigenen Bedürfnisse andere sind als die der Erwachsenen. Luise hat weder Interesse an einem Umzug noch an einem Zusammenwohnen mit dem neuen Partner der Mutter. Sie drückt ihre Verlassenheit aus in provozierendem Verhalten und gerät immer mehr in Clinch mit Mutter und Patchwork-Vater. Die gegensätzlichen Bedürfnisse sind nur schwer vereinbar.

Letztendlich ist es dem Partner der Mutter trotz seiner Bemühungen nicht gelungen, dass Luise ihn zumindest als Helfer in schwierigen Situationen akzeptiert. Schon nach drei Monaten des Zusammenlebens in der Patchwork-Familie teilt Luise ihre Entscheidung mit, dass sie ausziehen und mit einer Freundin in einer eigenen Wohnung leben möchte. Ihrem Wunsch wird entsprochen, weil die finanzielle Situation es erlaubt. Luises Mutter versucht täglich Kontakt zu ihrer Tochter zu halten, damit die Beziehung nicht abbricht.

Möglicherweise kann folgende Übung Eltern in die Lage versetzen, pubertierende Jugendliche besser zu verstehen.

Besseres Verständnis für Jugendliche gewinnen
Ziel: Akzeptanz erleichtern durch Wahrnehmen und Kennenlernen besonderer Fähigkeiten und Interessen des Jugendlichen.

- *Bitten Sie eine Freundin oder einen guten Freund um Unterstützung. Die Person möge auf einem Blatt Papier zehn positive Aspekte notieren, die ihr zu dem Jugendlichen spontan einfallen.*
- *Gehen Sie dann alle Punkte durch. Vielleicht wird der Pubertierende ja als sehr höflich eingeschätzt, oder die Freundin kennt ihn als jemanden, der sich Gedanken macht um Mitschüler, die soziale Probleme haben. Vielleicht tauscht der junge Mensch seine Sorgen über kriegerische Auseinandersetzungen in der Welt mit der*

Freundin aus und will sich einer Friedensbewegung anschließen. Manches wird Sie überraschen, anderes kennen Sie schon. Nehmen Sie alle Punkte ernst.
- *Zeigen Sie Interesse an einem Fernsehfilm über ein Thema, das den Jugendlichen beschäftigt. Bieten Sie an, mit ihm gemeinsam den Film zu sehen. Manchmal ergibt sich ein Gespräch, und Sie erfahren, welche Gedanken Ihr Kind bewegt. Akzeptieren Sie, ohne gekränkt zu sein, auch die Entscheidung des Jugendlichen, den Film allein sehen zu wollen. Fragen Sie später nach, was besonders bedeutsam erschien und was weniger von Interesse war.*
- *Vielleicht haben Sie Lust, die neue Lieblings-CD zu hören. Leihen Sie sie sich aus oder machen Sie den Vorschlag, diese CD gemeinsam zu hören.*
- *Wünschen Sie sich Informationen über ein besonderes Wissensgebiet, für das der Jugendliche sich als Fachmann sieht.*

Reaktionsformen auf pubertierende Jugendliche
Alle wissen, dass Pubertät und Adoleszenz keine Krankheiten sind, sondern ein erwartungsgemäßer – wenn auch meist dramatischer – Entwicklungszeitraum. Daher sollte für die Jugendlichen in der Regel auch keine Therapie im engeren Sinne nötig sein. Vielmehr sollten die Erwachsenen sich bemühen, möglichst alltagstaugliche Reaktionsformen für den Umgang mit ihren Kindern zu finden (s. Zienert 1992, 17 f). Die Kritik an Jugendlichen führt häufig zu wiederholt gleichlautenden Beschwerden. Paul Watzlawick nennt das ironisch „mehr desselben" (1996, 27) und gibt indirekt den Hinweis: „Wenn du nicht weiter kommst, überlege neu. Was kann anders gemacht werden?" Hier unsere Anregungen:

Reaktionsformen für den Umgang mit Pubertierenden

- *Balance suchen.* Wir wissen, es ist nicht leicht, eine Balance zu finden zwischen Strengsein und Sich-entfalten-Lassen, zwischen totaler Reglementierung und grenzenlosem Gewährenlassen.

- *Unbedingte Annahme.* Das heißt nicht, dass sich der Erwachsene alles bieten lassen soll. Vielmehr stellt sie den mühsamen Versuch dar, zwischen oft rüden und verletzenden Verhaltensweisen und der Person zu unterscheiden. Sie ist das Kunststück, den Menschen weiterhin zu achten und wertzuschätzen, ohne sein spezielles Verhalten in dem aktuellen Konflikt gutheißen zu müssen. Bei diesem Kunststück könnte das Wissen um die Notwendigkeit der Konflikte, die Erinnerung an angenehmere Situationen und das Wissen um das in der Regel Vorübergehende dieser Art der Konflikte in diesem Entwicklungszeitraum helfen.
- *Bewahren einer gewissen Distanz.* Das fällt natürlich nicht leicht, wenn die Emotionen hochkochen. Unterstützend können „kleine" Maßnahmen sein, z. B.,
  - dass Sie äußerlich einen Schritt zurücktreten
  - oder Ihren Stuhl weiter abrücken,
  - dass Sie bis zehn zählen und dann erst eine Entgegnung formulieren oder
  - dass Sie empfehlen, das Thema auf eine spätere Zeit zu verschieben, und im Moment erst einmal nur einen Termin vorschlagen.
- *Geduld und genügend Zeit zum Zuhören finden.*
- *Partnerschaftliche Ansprache und Ich-Botschaften verwenden.* Prüfen, ob sich Erwachsene dieser Form der Sprache bedienen sollten. Fragen Sie sich in einer ruhigen Minute, ob Sie das, was Sie gesagt haben, so auch einem guten Freund gesagt hätten, den Sie nicht verlieren wollen.
- *Erklären der eigenen Position.* Die Jugendlichen werden spüren, wie authentisch Sie sind. Nutzen Sie eher diplomatisches Geschick als schonungslose Offenheit.
- *Hilfen anbieten.* Genaues Zuhören ist Voraussetzung, den richtigen Zeitpunkt für konkrete Hilfsangebote zu erspüren.

- *Grenzen setzen und natürliche Konsequenzen finden.* Ob die Grenzen richtig platziert sind, werden die Erwachsenen schnell selbst merken, nämlich wenn sie angestrengt versuchen, sich argumentativ zu verteidigen. Immer dann, wenn man schnell an den Punkt kommt, an dem uns nichts mehr einfällt als „das war schon immer so" oder „das ist so, weil ich es so will", sollte die Position überdacht werden. Die Patchwork-Eltern sollten aufpassen, dass sie ihre Autorität nicht dadurch verschleißen, dass unhaltbare Grenzen errichtet werden. Und wenn tatsächlich ein Schaden entstanden ist, lässt sich mit der Umsetzung von Wiedergutmachung (Entschuldigung, Nachgeben, Vermittlungsvorschlag, soziales Verhalten) zeigen, dass die Heranwachsenden ernst und in die Pflicht genommen und nicht wie unmündige Kinder behandelt werden, deren Handlungen oder Wünsche weitgehend konsequenzenlos bleiben.

Sie sollten geradliniges und kalkulierbares Verhalten zeigen. Damit sind Erwachsene ein gutes Modell für partnerschaftliches Zusammenleben in der Familie.

3.2 Welchen Rucksack bringen die Kinder mit?

„Wenn ihre Eltern plötzlich unzuverlässig und vertrauensunwürdig werden, wird einer der Grundpfeiler kindlichen Wohlbefindens erschüttert. Wie kann man sich auf Eltern verlassen, die sich streiten, weggehen, geistesabwesend sind und denen es offenbar egal ist, welchen Schmerz sie einem zufügen?"

So schildern Hetherington und Kelly (2003, 157) das durch eine Trennung und Scheidung entstandene Drama der meisten Kinder. Für sie bricht eine Welt zusammen, in der sie Schritt für Schritt gelernt hatten, sich zu bewegen. Dies betrifft nicht nur Kinder, die schon jahrelang den Streit der Eltern miterleben mussten, sondern ebenso oder sogar viel stärker Kinder, die eine „heile

Familie" mit fürsorglicher Betreuung erlebt haben und plötzlich vor eine neue Wirklichkeit gestellt werden.

Die Enttäuschung über die Eltern kann Kinder in ihren schulischen und außerschulischen Aktivitäten lähmen. Manche werden in ihrer inneren Spannung und Not aufsässig, bockig oder unzugänglich. Dann wiederum kann ihre Verfassung umschlagen, und sie sind plötzlich auffällig kooperativ. Wenn sich die Kinder sogar an der Krise noch schuldig fühlen, führt dies zu Verzweiflung und Verwirrung. Fragen wie „Was habe ich verkehrt gemacht? Hätte ich besser gehorchen müssen?" quälen die Kinder. Auf wen sollen sie sich in Zukunft verlassen? Auffälliges Verhalten ist Ausdruck dieser Orientierungslosigkeit.

Dazu kommt eine Reihe praktischer Erschwernisse: Meist ermöglichen knappere Finanzmittel nicht mehr alle früheren Freizeitaktivitäten. Vielleicht wurde durch einen Umzug die Wohnung verkleinert. Die Kinder müssen vermehrt Aufgaben im Haushalt übernehmen, weil vorher der Vater für einiges verantwortlich war oder die Mutter plötzlich länger arbeiten muss. Vielleicht ist auch die Mutter sehr traurig, deprimiert oder angespannt und weniger ausgeglichen als früher.

Das Vertrauen in die Eltern kann in ruhigeren Zeiten wieder wachsen. Vordringlich wird sich die alleinerziehende Mutter darum sorgen. Damit kann sie selbst auch leichter den Ärger und die Enttäuschungen über die Wirren der Trennung langsam in den Hintergrund schieben oder verarbeiten. Den außen lebenden Vätern täte es gut, wenn sie ähnlich reagieren und sich um die Aufarbeitung ihrer Erfahrungen in der Erstehe bemühten, aber das Alleinsein animiert viele auf Dauer mehr zu anderen Aktivitäten. In Konkurrenz seiner Freizeitbeschäftigungen bekommt möglicherweise eine neue Partnerin den Vorrang, wodurch die Kinder sich wieder vernachlässigt und zurückgesetzt fühlen können. Verpflichtet sich aber der außen lebende Vater, seine Verantwortung in der Vaterschaft beizubehalten, gäbe ein Versprechen, dass die Kinder immer seine Kinder bleiben werden, ihnen Halt. Zusätzlich böte so ein Versprechen eine gewisse Gewähr für den alleinerziehenden Elternteil, Unterstützung zu finden bei Problemen, die die Kinder betreffen.

In der Einelternfamilie wird sich das Leben in ein bis zwei Jahren stabilisieren. Die Kinder haben, wenn sie nicht umziehen mussten, ihre alten Kontakte behalten. Die Scheu vor einem vermeintlichen Makel, anderen darzulegen, dass sie aus einer getrennten Familie stammen, ist allmählich überwunden – es gibt ja noch andere Kinder in ähnlichen Situationen. Der Alltag ist wieder von normaler Routine bestimmt.

Und plötzlich taucht da ein ihnen fremder Mann auf. Sicher ist er nett zu ihnen und zu ihrer Mutter, aber: „Was will er hier? Soll er bei uns einziehen?" Vielleicht werden verborgene Sehnsüchte wach: „Papa soll zurückkommen." Das mag übertrieben sein, aber wer weiß, was die Phantasien der Kinder anfacht. Durch die negativen Erfahrungen der Trennung neigen sie leicht zu dramatischen Vorstellungen. Erneute Zweifel an der Verlässlichkeit der Elternteile können auftauchen.

Doch sie sind schon erfahren, mit Veränderungen ihres persönlichen Umfeldes umzugehen. In der Trennungsphase mussten die Kinder zwar alles passiv ertragen, aber in der Restfamilie konnten sie allmählich zur Mitgestaltung des Familienlebens beitragen.

3.3 Sich einstellen auf die neue Familiensituation

In der Regel finden die Kinder in der Einelternfamilie wieder eine Zeit der seelischen Ruhe und verlässlichen Sicherheit. Voraussetzung dafür ist, dass die Mutter (wir sprechen weiterhin von der Modellfamilie) ihre Fassung zurückgewinnen konnte und im Gegensatz zu depressiven Zeiten die aktive Managerin der Familie ist, die Mut, Freude und Zuversicht ausstrahlt. Unterschiedliche Reaktionen der Kinder wie Wut, Aggressivität, Angst oder mangelnde soziale Verantwortung sind abgeklungen. Insbesondere sollte auf die Entwicklung der Kinder geachtet werden, die auffällig schweigsam scheinbar alles ertragen. Sie sollten zum Reden oder zu künstlerischem Ausdruck (Malen, Arbeiten mit Ton, Rollenspielen) animiert werden, damit sie ihre Bedürfnisse und Wünsche auf diesem Wege ausdrücken lernen und sich keine depressiven Stimmungen verfestigen. Das kann auch durch wiederholtes Sprechen über die Trennung und ihre Folgen geschehen, ist aber nur hilfreich, wenn die Mutter genügend Abstand zu ihrem früheren Partner gefunden hat und Ressentiments verschwunden sind.

» **Verunsicherung oder Vorfreude der Kinder?**

Die Kinder erleben in der sogenannten Vorphase der Patchwork-Familie, dass ihre Mutter heiterer ist und humorvoller, dass sie sich schön macht, kurz, dass sie einen Freund hat. Erst erzählt sie von ihm, dann kommt er auch mal zum Abendbrot und verbringt schließlich häufiger ein Wochenende mit ihnen. Wenn der Entschluss der beiden Partner gefasst ist, zusammenzuziehen und eine neue Familie zu bilden, sollte die Mutter die Kinder auf diese Veränderung behutsam vorbereiten. Sie kann ihre Pläne erläutern und ihren neuen Partner dabei als besondere Persönlichkeit würdigen. Die Kinder kennen den neuen Partner der Mutter erst kürzlich, sie haben noch keine tragfähige Beziehung zu ihm aufbauen können. Das macht manche aufgeregt und neugierig, andere wiederum skeptisch. Sie fragen sich:

- „Wird sich Mama jetzt mehr um ihn als um mich kümmern?"
- „Hoffentlich ist er nicht so streng."
- „Ob er auch mal den Tisch abdeckt?"
- „Wird er mit uns Fußball spielen?"
- „Mama freut sich auf ihn, sollte ich mich mit ihr freuen?"
- „Er ist wirklich prima. Wann kommt er wieder?"

Der neue Patchwork-Vater wird genauestens beobachtet. Trotz freundschaftlicher Aktionen kann Skepsis bleiben. Vielleicht verweigert sich eines der Kinder, seine Schulerlebnisse beim Abendessen zu erzählen, oder ein pubertierender Jugendlicher versucht, sich der Familie zu entziehen, indem er häufiger bei Freunden übernachtet.

Die Kinder werden doppelt verunsichert sein, wenn der neue Partner in einer Folge von mehreren kurzfristigen Freundschaften ihrer Mutter auftaucht, wenn er sich häufiger mit der Mutter streitet oder sogar für eine Woche in Ungnade fällt. Dadurch wird eine positive Annäherung zum künftigen Patchwork-Vater unterbrochen. Wir haben eine solche Situation in Kapitel 1 geschildert.

» **Wie können die Kinder zu Gewinnern werden?**

Für die Mutter ist ihr neuer Partner ein Gewinn, aber für die Kinder soll er es noch werden. Hier eine Auswahl nichtmaterieller „Gewinnergeschenke":

- Die Kinder werden sich freuen, wenn die Mutter häufiger Zeit findet für ein Kind allein, weil der Patchwork-Vater mit dem anderen beschäftigt ist.
- Sie werden eine Mutter erleben, die ausgeglichener sein kann und fröhlicher.
- Sie können einen erwachsenen Freund gewinnen.
- Sie bekommen einen neuen Spielgefährten.
- Sie erhalten mehr Fürsorge und werden öfter mal in den Arm genommen.
- Ihr Leid und ihre Freuden werden mit zwei Erwachsenen geteilt.
- Sie lernen, dass Erwachsene verschiedene Ansichten zu einem Problem haben, wie Kompromisse gefunden werden, und dass es manchmal keine Lösung gibt und einer allein entscheidet.

In verschiedenen Patchwork-Familien haben wir Ideen für materielle „Gewinnergeschenke" gesammelt:

- Ein Kaninchen für einen zehnjährigen Jungen in Eigenverantwortung.
- Ein neues Erwachsenen-Fahrrad für ein zwölfjähriges Mädchen mit Reparatur-Gutschein vom Patchwork-Vater.
- Ein erster PC für einen 13-Jährigen als Anerkennung für seine schulischen Leistungen.
- Bau eines Fahrradunterstandes für einen 15-Jährigen mit Unterstützung des Patchwork-Vaters.
- Geld für eine eigene Sommerreise der 16-jährigen Tochter.

» Wie kann die Familiengemeinschaft gestärkt werden?

Soziale Bindungen werden durch Gesellschaftsspiele gefestigt. Es gibt diverse Möglichkeiten, sie zu betreiben – unterschiedlich nach Alter und ohne besonderen finanziellen Aufwand. Ein Spiele-Abend pro Woche dient dem Aufbau sozialer Beziehungen. Kinder und Erwachsene erhalten die Chance, im Spiel Gemeinsamkeit und Gleichberechtigung zu erleben.

Lobrunde
Für ein Strahlen in den Gesichtern sorgt eine kurze Lobrunde: Jeder sucht eine gute Eigenschaft für die Person, die links neben ihm am Abendbrottisch sitzt, und spricht sie aus: "Ich schätze an dir …" Danach geht die Runde noch einmal rechts herum.

Familienschatzkiste
Eine Menge positiver Eigenschaften werden gesammelt und auf Zettel oder kleine Kärtchen geschrieben und umgedreht in die Mitte des Tisches gelegt. Jetzt zieht jeder nacheinander einen Zettel, liest ihn vor, überlegt, zu wem die gute Eigenschaft im Augenblick am besten passt und übergibt das Kärtchen einem Mitglied aus der Familie. Die Eltern sollten darauf achten, dass zumindest die Kinder eine ähnlich große Anzahl von Karten erhalten. Vielleicht mag jeder am Schluss noch mal „seine" Kärtchen zeigen oder vorlesen. Danach heißt es: „Alle Kärtchen ab in die Schatzkiste – für eine neue Runde in fünf Wochen."

Für ein gutes Selbstwertgefühl sorgen
Jedes Familienmitglied schreibt alle Buchstaben des eigenen Namens senkrecht untereinander. Für jeden Buchstaben soll eine positive Eigenschaft der Person gefunden werden – alle denken nach, einer schreibt. Ein Beispiel für Steffen:
　　S – Stärke
　　T – Toleranz
　　E – Energie

F – friedlich
usw.

Das Blatt mit den Buchstaben könnte abschließend je nach Interesse und Alter der Kinder bemalt und an eine Schrankwand geheftet werden zur Erinnerung und Stärkung des Selbstbewusstseins.

Ein guter Tagesabschluss
Bei Tisch erzählt jeder in der Runde eine kleine Situation, die für ihn heute positiv war (oder am wenigsten schlimm).

3.4 Stolpersteine auf dem Weg der Kinder in die Patchwork-Familie

Das Zusammenziehen des Partners der Mutter mit der Restfamilie kann vollzogen werden, wenn verschiedene Stolpersteine umgangen oder ausgeräumt sind.

Konfliktfreier oder konfliktlösender Umgang des Paares miteinander. Wertvoll ist es für Kinder, wenn das Elternpaar Vorbild bei Auseinandersetzungen und Lösungsfindung sein kann. Es geht dabei nicht darum, perfekte Lösungen zu suchen, sondern sich offen und optimistisch den jeweiligen Erfordernissen zu stellen. Mehr dazu in Kapitel 6 zu resilientem Verhalten.

Vorsichtige Veränderungen von alten Regeln. Die Veränderungen zur Patchwork-Familie werden sich Schritt für Schritt ergeben. Das ist der Unterschied zur Trennung, die die Kinder meist abrupt und unvorbereitet vor vollendete Tatsachen stellt. Kinder möchten gerne in der alten Routine weiterleben. Auch wenn sich nur Unwesentliches ändern soll, sollte ihnen Halt durch altgewohnte Rituale gewährt bleiben.

Der Widerstand der Kinder gegen den Patchwork-Vater ebbt ab. Auch wenn sich manche Kinder auf den Familienzuwachs freuen, können Vorbehalte insbesondere bei Jugendlichen länger existieren. Zumindest wollen Jugendliche mitbestimmen können, sie wollen angehört werden. Mit ihnen muss die Mutter sich geduldig beschäftigen. Ihr Widerstand kann ein Gemisch aus verschiedensten Erfahrungen sein:

- herrisches Auftreten des Patchwork-Vaters oder sein Auftritt als selbsternannter Erzieher,
- Konkurrenz zum Partner der Mutter, Verschiebung oder vermeintliche Verringerung des persönlichen Ansehens innerhalb der Patchwork-Familie, z.B. in der verantwortungsvollen Rolle als Ältester,
- fehlende Gelegenheit zum besseren Kennenlernen,
- Zeitmangel der Mutter oder Desinteresse für die Belange der Kinder, jedenfalls verbringt sie nicht mehr so viel Zeit exklusiv mit ihren Kindern,
- fehlende Anerkennung und Unterstützung der neuen Familiensituation aus der Verwandtschaft.

Verantwortung als Eltern durchhalten. Natürlich können diese Stolpersteine das Zusammenwachsen als Patchwork-Familie zeitlich verzögern oder im schlimmsten Fall die Familienbildung scheitern lassen. Die Patchwork-Eltern selbst haben jedoch durch ihr Verhalten das Gelingen in der Hand, weniger die „uneinsichtigen" Kinder. Auffällige Kinder gibt es auch in traditionellen Erstfamilien. Deswegen bleibt zu fragen, was die Eltern anders machen können, um das Zusammenwachsen zu fördern.

Vom „Meckern" zu Lösungen. Manchmal entsteht schlechte Stimmung, weil es in Auseinandersetzungen darum geht, wer angefangen hat oder wer schuld ist.

> *Wenn die Mutter schimpft: „Weil du so faul bist, bleibt der ganze dreckige Abwasch immer an mir hängen!", reagieren vielleicht die Kinder: „Weil du alles schon sofort machst, haben wir gar keine Chance, und dann sagen wir: Dann soll sie eben alles alleine machen."*
>   *Oder:*

> *Die Mutter klagt: „Weil du nicht zuhörst und ich tausendmal … wiederhole, muss ich so viel schimpfen."*
> *Der Jugendliche reagiert: „Weil du dauernd rummeckerst, vergeht mir die Lust am …"*

In den vorliegenden Beispielen interpretieren die Kontrahenten ihr Verhalten als Reaktion auf den anderen. Jeder macht das Verhalten des anderen zur Ursache und bezeichnet das eigene Verhalten als Folge oder Reaktion (Schulz von Thun 1988, 86 f). So kommt es, dass in konfliktreichen Situationen sich meistens alle im Recht fühlen, sich deshalb die Auseinandersetzungen wiederholen und sich nichts ändert. Da entstehen Teufelskreise. Jeder Streit verläuft ähnlich, die Gefahr besteht, dass er eskaliert. Es kann aber nicht darum gehen, wer angefangen hat oder schuld ist. Es geht darum, neue Vereinbarungen zu treffen. „Wie können wir uns ändern, damit das Zusammenspiel befriedigender wird?"

» Von Konflikten zu Lösungen

Wie in jeder Familie geht es auch in der Patchwork-Familie um die Lösung von Konflikten, nur sind die Probleme hier oft umfassender und ausgeprägter.

> „Anders als die sozioökonomische Situation scheint die innerfamiliale Kommunikation und wechselseitige Wahrnehmung in Stieffamilien erheblich problematischer zu sein als in Kernfamilien."

Dies ist eine der Schlussfolgerungen aus der Untersuchung des Deutschen Jugendinstituts zu Patchwork-Familien (Bien et al. 2002, 287). Die Patchwork-Familie ist letzten Endes aus einem Konflikt entstanden, der in diese Familie noch hineinstrahlen kann. Und gleichzeitig ist durch den Eintritt des Partners der Mutter ein neues Mitglied in die Familie gekommen. Damit ist das Gleichgewicht der Restfamilie aufgehoben. Es kann wiederhergestellt werden, wenn jeder sich auf neue Personen, neue

Gewohnheiten und unterschiedliche Ansichten einstellen mag. Das ist einerseits anregend, wird andererseits aber nicht ohne Auseinandersetzungen ablaufen.

Wie können Konflikte geklärt werden? An erster Stelle steht die Notwendigkeit von klarer, einfühlsamer Kommunikation verbunden mit Achtsamkeit bei der Wahrnehmung des anderen.

Schließlich ist die Lösung von Konflikten selbst wichtig. Dafür müssen Vorgehensweisen gewählt werden, die den Zusammenhalt der Familie stärken. Die Sichtweisen der integrativen Familientherapie und insbesondere der daraus entwickelten lösungsorientierten Kurzzeittherapie halten wir für außerordentlich angemessen. Hier eine kurze Einführung.

Systemisches und lösungsorientiertes Vorgehen zur Klärung von Konflikten

Die Familientherapie sieht die Familie als eine eng zusammenlebende Organisation, die aus dem Gesamtsystem Familie besteht und aus verschiedenen Teilsystemen, wie Paarsystem, Kindersystem, System der Großfamilie.

Durch die Patchwork-Familie vermehren sich die Teilsysteme mit der Folge, dass die notwendige Kommunikation umfangreicher und damit aufwendiger wird, weil sich mehr Systeme untereinander abstimmen müssen. Alle Systeme beeinflussen sich gegenseitig durch unterschiedliche Verhaltensweisen. Pflegt der außen lebende Vater einen schlechten Kontakt zur Mutter, wird sich das auch auf das Verhalten der Mutter zu den Kindern auswirken. Will der Patchwork-Vater die Kinder erziehen, obwohl er erst kurz in der Familie ist, werden die Kinder ihn das spüren lassen, was wiederum die Mutter auf den Plan ruft. Streitet sich das Patchwork-Paar, verunsichert das die Kinder, wie an dem Fallbeispiel in Kapitel 1 dargestellt.

Die enge gefühlsmäßige Verquickung der einzelnen Familienmitglieder löst Folgereaktionen aus. Die ehemalige Kernfamilie hat das schon durchgemacht, die Restfamilie auch. Jetzt sind mit dem Einzug des Patchwork-Vaters noch unbekannte Folgereaktionen zu erwarten.

Die lösungsorientierte Kurzzeittherapie legt das besondere Augenmerk auf Lösungen, weniger auf die Analyse der Ausgangsprobleme. Ein lösungsorientiertes Gespräch kann in folgenden Schritten ablaufen:

In Familiengesprächen Lösungen finden

- Vorstellen des Problems oder der Beschwerde.
- Was ist das Ziel, was soll sich ändern?
- Was hast du bisher getan, um das Problem aus eigener Kraft zu lösen?
- Was hast du getan, dass es manchmal besser ging? Was hat am meisten genützt? (Erinnerung an Ressourcen)
- Wann tritt das Problem weniger häufig/weniger intensiv/weniger belastend auf? (Suche nach Ausnahmen)
- Worin besteht die geringste Veränderung, mit der du zufrieden wärest?
- Woran würdest du merken, dass diese Veränderung eingetreten ist?
- Wann könntest du mit der Veränderung beginnen?
- Wollen wir noch mal miteinander sprechen, um das Ergebnis anzusehen? Wenn ja, wann? (in Anlehnung an de Jong/Berg 1998, 42 ff)

Die erste Frage lässt sich mit einer Skalierungsübung verbinden. Voraussetzung: Das bisherige Problem wird mit 1 bewertet und die ideale Lösung mit 10. Beim nächsten Gespräch könnte gefragt werden:

- „Wenn du die Zahlenreihe betrachtest, wo stehst du heute?"
- „Wo willst du hinkommen?"
- „Was musst du tun, um innerhalb von einer Woche von hier (erste Zahl) nach da (gewünschte zweite Zahl) zu kommen?"

Diese lösungsorientierte Methode kann direkt für notwendige Anpassungen und Änderungen in der Patchwork-Familie übernommen werden, wo Verhaltensregeln neu erfunden oder alte modifiziert werden müssen.

3.5 Kontakt der Kinder zum außen lebenden Vater

In der Vorstellung der Kinder wird der außen lebende Vater weiter zur Familie gezählt. Die Möglichkeit ihn anzurufen oder die Erfahrung, von ihm angerufen zu werden oder ihn regelmäßig besuchen zu können, stabilisieren das innere Gleichgewicht der Kinder im Umgang mit der für sie neuen Situation zu Hause. Die Kinder sollen dabei das Gefühl haben, dass ihre Mutter die Treffen mit dem Vater unterstützt oder zumindest akzeptiert und Besuche erleichtert.

Manchmal ist die Mutter noch von Enttäuschung, Kränkung oder Animositäten beherrscht. Dann kann sie die Tendenz haben, der leibliche Vater möge den Kontakt zu seinen Kindern verringern. Es hätte jedoch langfristig negative Folgen, wenn sie diesem inneren Wunsch nachkommen würde, um fälschlicherweise ihren neuen Partner zu unterstützen, oder wenn sie hofft, ihn dadurch nicht zu verlieren: Die Kinder würden sich gegen diese Art von Bevormundung wehren, innerlich und / oder äußerlich. Ein Kind braucht die Zusicherung: „Mein Vater ist für mich da." Und wenn der Kontakt positiv bleibt, sagt sein Gefühl: „Mein Vater kümmert sich um mich. Ich kann mich auf ihn verlassen. Er hält, was er verspricht."

» Gestaltung der Besuche beim Vater

Die Besuchsatmosphäre im Haus des Vaters hat etwas Künstliches. Die Kinder sind weder direkte Familienmitglieder noch einfache Gäste. Auch wenn den Kindern eine Ecke oder ein Schrank für ihre Sachen zugewiesen ist, bleiben sie Besucher und keine alltäglichen Mitbewohner. Was tun diese Besucher einen Tag lang? Wie entwickelt sich ihre Beziehung zum Vater? Wir kennen Väter, die eingestehen mussten, wie frustriert, verwirrt und unsicher sie sich fühlten an den Besuchstagen, wie belastend diese Tage waren und schwierig. Der Umstand, im Leben des Kindes nicht täglich präsent zu sein, ist eine Hürde für einen „normalen" Vater-Kind-Kontakt. Die tägliche Routine fehlt, das Trostpflaster für ein aufgeschlagenes Knie, das Gespräch beim Abendbrot über eine ungerechte Zensur. Der innere Aufruhr von Kindern über die Trennung der Eltern, über den Verlust von Nähe zum Vater, der in der Vergangenheit für Geborgenheit und Zuwendung stand, kann unberechenbare Verhaltensweisen zum Vorschein bringen.

> *In einer Beratung mit einer Patchwork-Familie berichtete Heike, zwölf Jahre alt, dass sie sich regelmäßig Schularbeiten mitnimmt, wenn sie sonntags den Vater besucht, um den Tag zu füllen. Ihr Bruder Tom (11 Jahre) hat sich im Programmheft mindestens eine Sportsendung angekreuzt, die er unbedingt am Nachmittag sehen möchte. Dazwischen sind gemeinsame Mahlzeiten vorgesehen oder ein Spaziergang. Und endlich ist der für Heike künstliche Aufenthalt vorbei.*

Der Wochenendvater muss akzeptieren, dass seine Beziehung zu den Kindern an Selbstverständlichkeit und Spontaneität verloren hat, weil er nicht mehr präsent ist in ihrem täglichen Leben, und dass er weniger Einfluss auf sie hat. Zum Trost und um die Beziehung zu intensivieren, sollte er das Zusammensein mit den Kindern extra qualifiziert gestalten, mit ihnen Pläne für den besonderen Tag schmieden, damit gemeinsame Erlebnisse bleibende Erfahrungen ermöglichen. Oder er sollte ein bisschen Feiertagsmentalität einführen, damit Kinder und Vater die gemeinsame Zeit genießen und sie in guter Erinnerung behalten. Wenn sich Kinder und Vater konkrete Arbeiten vornehmen, sei es, ein kleines Gemüsebeet im Garten anzulegen oder ein Vogelhäuschen zu bauen, dürfte das für die Kinder wesentlich interessanter sein als ein Schularbeitentag oder ein Fernsehnachmittag.

> „Übernachtungen helfen den Kindern, in der Wohnung des Vaters ein zweites Zuhause zu sehen, sie fördern entspannte Beziehungen und Rituale, bei denen Väter und Kinder sich näher kommen können." (Hetherington/Kelly 2002, 165)

Der Vater kann auch durch Telefonanrufe, die für einen bestimmten Wochentag verabredet werden, die am Besuchswochenende aufgebaute Nähe mit den Kindern zu halten versuchen. Diese gemeinsame Verabredung muss unbedingt verpflichtend vom Vater eingehalten werden, andernfalls würde das „Vergessen-Werden" die Selbstachtung des Kindes angreifen.

Es hängt jedoch vom Vater ab, wie weit er sich mit den Kindern einlassen will. Das ist äußerst unterschiedlich. Es gibt Väter, die sich stufenweise von ihrer Elternrolle verabschieden. Lethargie, Mangel an Zuneigung oder das Beschäftigtsein mit dem neuen Leben führen zum Ausstieg aus der Vaterrolle. Für eine neue Liebesbeziehung wird er viel Zeit investieren. Das kann auf Kosten der Kinder gehen. Andere Väter zeigen hingegen großes Interesse am Leben ihrer Kinder und wollen wenigstens aus der Ferne daran teilhaben.

» **Kontakt der Kinder mit der neuen Partnerin des außen lebenden Vaters**

Wenn der äußere Trennungsgrund der Eltern eine andere Frau war, werden die Kinder beim Besuch des Vaters dieser Person misstrauisch und angespannt gegenübertreten. Sie werden die neue Partnerin als Feindin einordnen, die ihre Kernfamilie zerstört hat. Dafür wollen sie sich rächen, indem sie die Frau links liegen lassen, ihr zeigen, dass ihr Essen nicht schmeckt, sie kritisieren, wie sie sich kleidet oder was sie für Auffassungen vertritt. Im häufig aggressiven Verhalten zeigen die Kinder ihre Trauer, Wut und innere Zerrissenheit. Die Atmosphäre des Zusammenseins ist vergiftet. Der Vater wird besonders bei jüngeren Kindern von der Kritik verschont, weil Verlustängste diese Kinder beherrschen. Er soll sie weiter mögen, ihn wollen sie durch Kritik oder direkten Protest nicht verlieren. So bleibt die neue Partnerin die Person, an der Ärger, Ängste und Enttäuschungen über die Trennung und veränderte Familiensituation ausgelassen werden.

Manchmal reagiert die Frau des Vaters an Besuchstagen mit Rückzug. Um sich keinen Schwierigkeiten in seiner neuen Partnerschaft auszusetzen, kann das Bedürfnis des Vaters, seine

Kinder zu erleben, dann auch rapide abnehmen. Entweder fügt sich der Vater in die unerfreuliche Situation oder er gewinnt durch einfühlsame Gespräche die Kinder, die neue Realität anzunehmen. Im Austausch mit seinen Kindern hätte er die Möglichkeit zu erklären, dass er sich Sorgen macht, weil die Kinder sich nicht glücklich bei ihm fühlen. Er könne sich vorstellen, wie sie unter der Trennung gelitten haben oder immer noch leiden, und dass sie im Grunde von ihm bitter enttäuscht sind. Er sollte nachfragen, ob das so stimmt. Er kann sie weiter fragen, ob sie Wünsche an ihn haben, oder dass sie über Wünsche nachdenken sollen. Er kann die Kinder bitten, seine Partnerin versuchsweise aus dem Abseits herauszuholen und mitspielen zu lassen, wenigstens in begrenztem Zeitrahmen.

Tritt der Fall ein, dass das Kind die Partnerin des Vaters sympathisch findet, droht möglicherweise ein Loyalitätskonflikt mit der Mutter: „Darf ich diese Frau, die mir meinen Vater weggenommen hat, überhaupt nett finden? Verrate ich dann meine Mutter? Wenn Ja, müsste mein Gefühl mein schwer gehütetes Geheimnis bleiben!" Eine quälende Belastung für das Kind, die es kaum zur Ruhe kommen lässt, wenn es mit der Mutter oder der neuen Frau des Vaters in Kontakt steht. Jeder Besuch beim Vater wird dann von ambivalenten Gefühlen begleitet. Das Ende des Besuchstages ruft schließlich Erleichterung hervor, hat das Kind doch den Tag „gut" überstanden. Die Verwirrung nimmt es mit nach Hause und findet häufig nur langsam wieder zu einer scheinbar inneren Ausgeglichenheit. Die Zerrissenheit wird sich in Verhalten festsetzen, in Schweigsamkeit, in Zurückgezogensein oder auch in Aggressivität. Schulischer Leistungsabfall kann die Folge sein.

Wenn der Vater dagegen unfreiwillig aus der gemeinsamen Ursprungsfamilienwohnung ausziehen musste, weil die Trennung ein Anliegen der Mutter war, und die Kinder bei ihr wohnen geblieben sind, werden diese eine neue Partnerin des Vaters eher akzeptieren. Sie hatte ja mit der Trennung der Eltern nichts zu tun, die Freundschaft und Liebe unter den Erwachsenen hat sich erst nach dem Auszug entwickelt. Es kann sogar beruhigend für sie sein, ihren Vater in guten Händen zu wissen, damit dessen Trauer über die verlorene Familie abklingen kann. Von den Kindern wird Druck genommen, wenn sie erleben, wie die Sorgen des Vaters geringer werden in seiner neuen, festen Bindung. Manchmal sind die Kinder so erleichtert über die neue Partnerschaft, dass sie die Frau besonders in ihr Herz schließen. Doch häufig muss auch sie große Geduld aufbringen, um das Vertrauen der Kinder zu gewinnen.

Leider erlebten wir in Beratungen, dass sich auch diese Frauen beim Besuch der Kinder verletzt zurückzogen, weil sie nicht freudig begrüßt wurden. Der Vater wiederum unternahm allein etwas mit den Kindern, anstatt dass er wenigstens einen Teil des Besuchstages oder Wochenendes als Chance betrachtete, den Kontakt zwischen Kindern und seiner neuen Partnerin zu intensivieren. Es bleibt die Sache des Vaters, ob und wie er das Verhältnis zwischen Kindern und seiner Frau verbessern will, da er in einem gesonderten Familiensystem lebt.

Allerdings kann der Kontakt leicht von Anfang an schieflaufen, wenn der Vater die Kinder nicht auf die neue Partnerin vorbereitet. Er müsste zumindest beruhigend erläutern, dass die Beziehung zur neuen Frau niemals seine Verbindung zu den Kindern ersetzen kann, und dass seine Gefühle für die Kinder sich nicht abschwächen werden, weil sie immer seine Kinder bleiben. Dieses „Prinzip Hoffnung" könnte die Kinder entlasten. Die Glaubwürdigkeit dieser Beteuerung würde sich im Laufe der Jahre herausstellen durch Taten, nicht durch Worte.

Studien zeigen, dass für seltenen oder keinen Kontakt mit den Kindern aus Sicht des internen Elternteils (meist die Mutter) folgende Personen verantwortlich sind (Bien et al. 2002, 184):

- außen lebender Elternteil mit 36%
- interner Elternteil mit 22%
- Kind selbst mit 17%
- nicht beeinflussbare Faktoren mit 25%

Auch wenn der außen lebende Vater seinen Kontakt zu den Kindern minimiert, boykottiert und verhindert, bleiben die Kinder erst einmal gefühlsmäßig an ihn gebunden, bis sie den neuen Partner der Mutter als ihren sozialen Vater annehmen. Die gefühlsmäßige Bindung zum Vater wird dann sehr viel schwächer werden, sie erlischt aber im Leben des Kindes selten völlig.

» **Umgang mit Konkurrenz und Kritik**

Für Kinder dürfte es wohltuend und beruhigend sein, wenn der Patchwork-Vater sich nicht in Konkurrenz mit dem leiblichen Vater begibt. Er kann die Akzeptanz des leiblichen Vaters dadurch signalisieren, dass er dessen Aktivitäten vor den Kindern würdigt, an Geburtstage erinnert oder generell das Leben des Vaters positiv beurteilt. Auf keinen Fall darf das Gegenteil passieren: Falls der Patchwork-Vater das Verhalten des Vaters kritisiert, auch wenn es nur um ständige Verspätungen beim Abholen der Kinder geht, werden gerade jüngere Kinder zumindest innerlich eine Verteidigungshaltung für den Vater einnehmen und in Loyalitätskonflikte zwischen Patchwork-Vater und leiblichen Vater getrieben. Das führt zu einer ausweglosen Situation: Egal für wen sich das Kind entscheidet, es wird sich gleichzeitig gegen einen entscheiden müssen.

Stattdessen braucht es die Erlaubnis und die Gewissheit, dass es den Patchwork-Vater und den leiblichen Vater lieben darf und dass es in Ordnung ist, wenn es den fehlenden Elternteil vermisst. Das muss kein schlechtes Gewissen erzeugen.

Kinder suchen eine Erklärung dafür, wenn der Vater sie nicht besucht oder sich häufig verspätet. „Ist es, weil ich ihn weniger interessiere? Bin ich ihm nicht viel wert?" Das Gefühl, im Stich gelassen zu sein, ist ein Angriff auf die Selbstachtung. Zumindest werden Selbstzweifel im Kind geweckt. Der Ärger oder die Wut über das Zuspätkommen wird nicht gegen den Vater gerichtet, sondern in sich hineingefressen – „weil Papa mich sonst wahrscheinlich überhaupt nicht mehr mag und mich nicht mehr sehen will", meinte der siebenjährige Sohn einer Klientin. Demgegenüber sollten die Kinder vorsichtig ermuntert werden, eigenständig Kritik am außen lebenden Vater zu äußern, falls ihnen irgendetwas missfällt.

Beispiel: Der Vater ist der Meinung, dass er kein besonderer Sonntagsvater sein will. Die Kinder sollen am Wochenende auch den Alltag bei ihm erleben, z.B. Laub harken, frische Getränke heranschaffen oder sein Auto waschen. Die Wünsche der Kinder richten

> sich aber mehr auf außergewöhnliche Ausflüge, um besondere Erlebnisse zu haben. Es ist Sache der Kinder, dass sie lernen, ihre Bedürfnisse mit dem Vater direkt auszuhandeln.

Falls das nicht geschieht und die Mutter von der Unzufriedenheit erfährt, sollte sie sich mit Bemerkungen und Stellungnahmen zurückhalten. Sie zeigt damit deutlich, dass die Kinder sich mit dem Vater in einem anderen Familiensystem befinden, in dem sie als Mutter nicht mitzubestimmen hat. Ihre unterstützende Aufgabe könnte sein, die Kinder zu ermutigen herauszufinden, wie sie ihr Anliegen dem Vater gegenüber erfolgreich vortragen können.

Gerade wenn Jungen zu Beginn der Pubertät ernüchtert werden über ihre Väter, die nicht so großartig sind, wie sie dachten, beginnen sie, deren Idealisierung zu relativieren. Sie wenden sich anderen Personen zu und nehmen sie als willkommene Vorbilder. Und trotzdem hören sie nicht gern Kritik von anderen an ihren leiblichen Vätern.

Auch neugieriges Fragen über die Familiensituation des Vaters ist problematisch. Ein Vergleich seiner Lebenssituation mit der der Patchwork-Familie ist nicht ratsam, besonders dann nicht, wenn Neid auf die möglicherweise bessere materielle Situation des leiblichen Vaters mitspielen könnte. Die Kinder dürften sich ausgehorcht fühlen, und es würde die labile Stimmung zwischen Vater und Mutter negativ beeinflussen. Neugierige Fragen gehören auf die Treffen im Elternpakt, den wir in Kapitel 2 beschrieben haben, schwerwiegende Probleme können dort geklärt werden. Zum Beispiel, wenn die Kinder kein Interesse haben, die Ferien in der Großstadtwohnung des Vaters zu verbringen, wo ihnen Freunde fehlen – was wäre dann?

Nach übereinstimmenden Aussagen von Kindern und Jugendlichen wünschen sie sich, dass nach Besuchen beim außen lebenden Vater die Mutter als mögliche Ansprechpartnerin zu Hause ist. Die Kinder brauchen Halt. Wichtig ist in erster Linie die Anwesenheit der Mutter, ob die Kinder nun erzählen wollen oder nicht. Wenn sie berichten, wie sie ihren Tag verbracht haben, sollte die Mutter sich auf aufmerksames Zuhören beschränken, vielleicht mal nachfragen und sich wiederum mit kritischen Äußerungen völlig zurückhalten.

4 Entwicklungsphasen einer Patchwork-Familie

Jede sich im Aufbau befindliche Patchwork-Familie muss ihre eigene Identität entwickeln. Dabei wird sie als neu zusammengesetzte Gruppe einen Prozess der Gruppenbildung durchlaufen. Dieser Prozess weist einen gewissen typischen Verlauf auf. Er lässt sich in fünf Entwicklungsphasen unterteilen:

- Kennenlernen und Eingewöhnen (Forming-Phase)
- Konflikte wahrnehmen, akzeptieren und klären (Storming-Phase)
- Verabredungen treffen und einhalten (Norming-Phase)
- Vertrauen und Zusammenhalt erleben (Performing-Phase)
- Ablösung und Trennung (Separating-Phase)

In der Regel bauen diese Phasen aufeinander auf. Sie laufen aber nicht im Sinne eines Fahrplans ab, sie sind aufgrund der verschiedenen Einflussfaktoren als Tendenz oder Schwerpunkt zu erkennen. Wenn eine Entwicklungsphase übersprungen wird, kann sie sich zu anderer Zeit Raum schaffen, und einzelne Phasen werden zum Teil erneut durchlaufen. Es gibt in dem Sinne also keine Gesetzmäßigkeit. Phasen können sich überschneiden und zeitlich zusammentreffen. Trotzdem lässt sich so etwas wie eine typische Aufeinanderfolge beschreiben.

Für die Patchwork-Eltern ist es hilfreich, von diesen Phasen zu wissen, um sie als einen zeitlich begrenzten Prozess wahrzunehmen und in dieser Zeit entsprechend einzugreifen. Anders ausgedrückt: Eine gute Patchwork-Familie lässt sich nicht einfach „machen", aber mit diesen Kenntnissen lässt sich die Entwicklung leichter steuern.

In Anlehnung an die Fachliteratur (Langmaack / Braune-Krickau 1995; Stanford 1980) möchten wir im Folgenden bestimmte Merkmale und Verläufe von Prozessen in ihrer Entwicklung skizzieren und daraus Ziele und Empfehlungen für Betroffene ableiten. So sollen Grundlagen geschaffen werden für das Verständnis der einzelnen Familienmitglieder untereinander. Für die Phasen gibt es passende Übungen und Spiele, die Kontakte erleichtern, einen stressfreieren Umgang von Patchwork-Eltern mit Kindern und Jugendlichen ermöglichen und dem Paar Ideen geben für ein besonnenes Miteinander.

4.1 Kennenlernen und Eingewöhnen (Forming-Phase)

Das Paar hat sich nach einer längeren Vorphase entschieden zusammenzuziehen. Der neue Partner wird bei der Restfamilie wohnen. Mit diesem festen Entschluss werden die Partner den Kindern gegenüber klar auftreten und sie in die Planung des gemeinsamen Wohnens einbeziehen. Dabei werden sie den Kindern vorerst so wenige Änderungen wie möglich zumuten.

» Der Blick von außen

Alle sind bemüht, sich mit dem neuen Rahmen vertraut zu machen. Sie gehen vorsichtig, freundlich und höflich miteinander um und suchen Antworten auf grundlegende Fragen: Was für Erfahrungen werde ich hier machen? Wie soll ich mich verhalten? Jeder in der Familie ist unsicher. Alle tasten einander ab und suchen Orientierung.

» Die Familienmitglieder im Einzelnen

Die Mutter freut sich, dass sie nicht mehr allein ist. Sie will ihre Verantwortung für die Kinder mit ihrem neuen Partner teilen. Sie will ihn dabei unterstützen, schnell Kontakt zu den Kindern zu bekommen. „Ich will eine angenehme Atmosphäre schaffen. Vielleicht kochen wir gemeinsam etwas, was die Kinder besonders mögen. Ich darf sie ja nicht vernachlässigen. Wie kann ich es organisieren, Zeit für mich selbst und für meinen Partner zu finden?"

Der neue Partner ist gespannt auf das Zusammenleben. Wird er es schaffen, ein neuer Vater für die Kinder zu werden? Er ist unsicher. „Wie werde ich mit den Kindern zurechtkommen? Wie soll ich mich als Patchwork-Vater verhalten? Wie erreiche ich, dass die Kinder mich mögen? Alle beobachten mich. Unterstütze ich meine Frau so, wie sie es wünscht? Eigentlich möchte ich viel mehr Zeit mit ihr verbringen. Manchmal nerven mich die Kinder mit ihren Sonderwünschen.

Die Kinder sind verwirrt. Schon wieder eine Veränderung in der Familie. Die Mutter hat ihnen beteuert, dass das Zusammenziehen mit dem neuen Partner eine Verbesserung für alle ist. Obwohl die Kinder unsicher sind, wollen sie sich vergewissern, dass sie mit der veränderten Situation fertig werden. „Hoffentlich wird der Neue nicht zum Störfaktor." Er wird von den Kindern unter die Lupe genommen: „Wie komme ich wohl mit ihm zurecht? Ich finde ihn lustig. Ob er mich mag? Ob er pünktlicher ist als Papa?"

Gefahren in dieser Phase: Es kann sein, dass das Paar Schwierigkeiten bagatellisiert und die hoffnungsvolle Situation des Zusammenziehens schönfärbt, damit programmiert es Enttäuschungen vor. Vielleicht spricht die Mutter auch vorschnell neue sich abzeichnende Möglichkeiten vor den Kindern aus, um eine positive Haltung der Kinder zu dem neuen Familienmitglied zu erzeugen. Diese können jedoch Hoffnungen und unrealistische Erwartungen wecken.

Der Patchwork-Vater bemüht sich um den Aufbau einer guten Beziehung zu den Kindern und geht dabei davon aus, dass sie ihn bald akzeptieren und lieben werden, weil er sie ja auch lieben will. Abwartendes Verhalten wird er als Zurückweisung empfinden.

» Ideen für diese Phase

Sie sollten wissen: Zu erwartende Unsicherheiten sind normal. Jetzt gilt es, Zeit zu geben zum Ankommen und Einfinden, um emotionale Sicherheit zu schaffen. Dazu gehört es, bekannte Rituale zu erhalten, die Geborgenheit und Zuwendung gewährleisten. Die Kinder müssen sich geschützt fühlen und Raum finden, sich dem neuen Partner zu nähern. Bei einer eher abwartenden Haltung der Kinder muss akzeptiert werden: Niemand gibt gerne lieb gewordene Bindungen oder Gewohnheiten auf. Es kann Disharmonie entstehen, weil unvermeidbare Veränderungen die Zukunft bestimmen.

Die Situation der verliebten Partner unterscheidet sich sehr von der der Kinder, die den neuen Patchwork-Vater ja weder ausgesucht haben noch ihn gut kennen. Ihre Abhängigkeit von der Autoritätsperson Mutter spielt eine große Rolle bei der Suche nach Sicherheit und dem Schutz vor sozialen Risiken.

Sie sollten Geduld üben: Das Tempo der Annäherung ist bei allen Beteiligten verschieden. Der Findungsprozess für Patchwork-Familien wird mehrere Jahre dauern. Die folgenden Übungen helfen Ihnen dabei, Möglichkeiten für eine langsame Annäherung von Partner und Kindern zu finden.

Fragen nach Unterschieden
Hilfreich sind spielerisch gestellte Fragen, um Unterschiede zwischen Personen genauer wahrzunehmen. Sie werden im Familienkreis gestellt und beantwortet.

Zur Einstimmung:
Ein Kind überlegt: „Was kann meine Freundin besser als ich selbst?" Und weiter: „Was kann ich besser als meine Freundin?" Dann kommen neue Fragen:

- *Was kann der Partner der Mutter besonders gut und besser als die Mutter?*
- *Was können die Kinder besser als der neue Patchwork-Vater?*
- *Was macht der leibliche Vater besser als der Patchwork-Vater?*
- *Was kann der Patchwork-Vater besser als der leibliche Vater?*

Wichtig wäre beim Vergleich Patchwork-Vater/leiblicher Vater zu resümieren: Alle gesammelten Fähigkeiten sind nützlich und wertvoll.

Spielerische Übung, um das Anderssein zu entdecken
Die folgende Übung ist für Erwachsene und Kinder geeignet, um in Kooperation festzustellen, was die Einzelnen gemeinsam haben und was sie voneinander unterscheidet. Die Familienmitglieder setzen sich zusammen und überlegen:

1. Sie finden drei Sachen, die sie alle gern tun mögen: „Das haben wir gemeinsam: ..."
2. Im zweiten Schritt suchen alle nach drei Sachen, die sie gemeinsam nicht mögen: „Das sind drei Sachen, die wir alle nicht mögen: ..."
3. Zuletzt finden sie heraus, was sie voneinander unterscheidet:
   – „Ich bin anders als die anderen, weil ich ... mag."
   – „Ich bin anders als die anderen, weil ich ... mag." usw.

Erkennen Sie Loyalitätskonflikte der Kinder

1. Wie malt das Kind die Familie oder sein Zuhause? Wem ist das Kind auf dem Bild zugewandt? In welcher Körperhaltung hat es sich gemalt? Wer steht wo?
2. In Gesprächen kann es Hinweise geben für Loyalitätskonflikte,
   - wenn der leibliche Vater erzählt, dass sein Kind schlecht über den Partner der Mutter redet, um „Lieb Kind" beim Vater zu bleiben, obwohl es zu Hause sehr gut mit dem Patchwork-Vater zurechtkommt, oder
   - wenn der Patchwork-Vater der Mutter erzählt, dass das Kind über den leiblichen Vater herzieht, obwohl es begeistert ist von den Aktivitäten beim letzten Besuch.

Lassen Sie sich ermutigen, Oasen der Zweisamkeit zu schaffen, um Ressourcen zu bilden für die Pflege der Partnerschaft und den Aufbau der Familie. Menschen, die sich lieben, wünschen sich so viel gemeinsame Zeit wie möglich.

Erinnern Sie sich: Für Verlieben gibt es keine Erklärungen. Es ist sinnlos, die Kinder um Verständnis zu bitten für das eigene Verliebtsein.

Lassen Sie sich warnen vor beruflichen Veränderungen oder Umzug, um alle Energie auf die Kennenlernphase zu konzentrieren.

» **Konkrete Handlungsmöglichkeiten**

Wunschnachmittage festlegen
Eine besondere Planung von gemeinsamen Aktivitäten bietet sich an, wenn bestimmte Wunschnachmittage festgelegt werden: Jeder darf einmal drankommen und bestimmen, was gemeinsam getan oder unternommen werden soll (Vorlesestunde, Karten spielen, Stadtbummel machen, Kinotag, Schwimmhalle, Minigolf, Jahrmarkt, Tierpark, Pizza essen usw.).

Fremdenführer spielen
Ein jüngeres Kind kann Fremdenführer spielen für den neuen Partner der Mutter, z. B.

- in der Wohnung: Wem gehört welche Zahnbürste, wo stehen die Hausschuhe, wie wird der Müll getrennt? Wo kommt die schmutzige Wäsche hin und wo soll sie aufgehängt werden?
- und draußen: Wo finde ich was im Supermarkt? Wo stehen die Sammelbehälter für die Müllentsorgung? Wo ist der nächste Spielplatz? Und wo die Schule?

4.2 Konflikte wahrnehmen und akzeptieren (Storming-Phase)

Sobald sich ein gewisses Vertrauen in der Patchwork-Familie zeigt, wird jeder seine persönlichen Interessen vehementer ausdrücken. Die Unterschiedlichkeit der Erwartungen zeigt sich. Der Drang nach Selbstbehauptung wächst, der Durchsetzungswille aller verstärkt sich. Aggressionen werden zugelassen, auch die Mutter wird nicht geschont. Die unvermeidliche und anstrengende Storming-Phase lässt sich nicht umgehen. Auch die Partner müssen gewappnet sein, Fronten polarisieren sich. Die Konfliktphase lässt sich mit der Adoleszenzphase vergleichen, in der der junge Mensch durch Auseinandersetzungen mit der Welt Kompetenzen erwirbt. Vorsicht: Kinder und Eltern übertreiben manchmal im Konfliktstadium das Ausmaß ihrer Streitigkeiten.

» **Der Blick von außen**

Nervöse Spannung am Abendbrottisch. Wer wird heute ausrasten? Absprachen wurden nicht eingehalten: Der Abwaschdienst hat versagt, die Wäsche liegt noch in der Waschmaschine. Ordnungsvorstellungen werden in Frage gestellt: Die Schultasche wird mitten in den Flur gepfeffert, das Kinderzimmer verwahrlost, leere Joghurtbecher stehen vertrocknet auf dem Bücherregal. Es gibt häufig Streit zwischen den Kindern. Rebellion und Rivalität liegen in der Luft. Die sonst üblicherweise zurückhaltende Tochter setzt sich plötzlich engagiert auseinander und versucht zu dominieren. Die Erwachsenen werden vermehrt das Ziel von Angriffen. Ihre Aufrichtigkeit wird herausgefordert und getestet. Auch die Probleme in der Partnerschaft spitzen sich zu, Missverständnisse sammeln sich an.

» **Die Beziehungen untereinander**

Die Mutter hat das Gefühl, der neue Patchwork-Vater mache alles falsch. Er unterstütze sie überhaupt nicht. Als Alleinerziehende hatte sie viel weniger häusliche Konflikte. Sie ist enttäuscht über die Kinder, die sich nicht so verhalten, wie sie es sich vorgestellt hat.

Der Patchwork-Vater will Einfluss gewinnen. Die ständige Rücksichtnahme strengt ihn an. Ihn nerven die Tischmanieren der Kinder. Die Tochter darf mit den Fingern essen, Messer und Gabel sind ihr zu anstrengend. Der Patchwork-Vater kritisiert und fordert besseres Benehmen ein. Die Reaktion der Kinder: „Du bist nicht mein Vater. Du hast mir gar nichts zu sagen." Die Kinder polarisieren sich gegen ihn. „Nicht mal seinen PC darf ich benutzen", mault der Ältere. „Bei Papa darf ich das." Der Jugendliche lässt sich keinerlei Weisung gefallen und reagiert bei jeder Gelegenheit mit offenem Widerspruch, widerspenstig und unkooperativ. Der neue Partner beobachtet die Mutter, wie sie jeden Wunsch der Kinder erfüllt. „Du lässt zu viel durchgehen, das ist falsche Erziehung", merkt er an.

Die Kinder verübeln der Mutter, dass sie nicht mehr allein der Mittelpunkt sind. Was für eine Bedeutung haben sie noch? Warum musste der Neue hier einziehen? Welchen Vorteil haben sie dadurch? „Mama ist so genervt, der neue Partner soll wieder verschwinden." „Na ja, manchmal hilft er mir ja auch." „Mein Bruder wird vorgezogen, er darf alles. Was ich will, ist egal."

Jedes Familienmitglied kämpft um seinen Platz, um seine Bedeutung, um seine Rolle. Konkurrenz zwischen Stiefvater und Kindern, zwischen dem neuen Partner und der Mutter, zwischen den Kindern untereinander baut sich auf. Vor Ärger, Trotz und Enttäuschung ist keiner sicher. Es besteht die Gefahr, dass ein Mitglied der Familie den neuen Verbund verlässt. Ist es der Sohn, der ausziehen möchte, ist es der Patchwork-Vater, der sich in seine Junggesellenwohnung zurücksehnt?

» Im Wechselbad der Gefühle

Die Mutter sitzt mit ihren Gefühlen zwischen den Stühlen. Manchmal spürt sie Angst: Wenn ich mich für meinen Partner entscheide, muss ich mich dann gegen meine Kinder entscheiden? Es steht so viel auf dem Spiel. Manchmal freut sie sich über den Partner, der sie in der Kinderbetreuung unterstützt. Dann wieder kämpft sie mit der Enttäuschung, dass die Kinder den Patchwork-Vater nur sporadisch akzeptieren. Sie entwickelt Schuldgefühle, dass sie ihren Kindern zu viel zugemutet hat. Sie möchte die Kinder vor aufbrechenden Konflikten bewahren. Sie ist ausgelaugt und hilflos. Die Gegenwart ist manchmal schwer erträglich, eine helle Zukunft scheint in weite Ferne gerückt.

Der Patchwork-Vater ist enttäuscht. Er versucht angestrengt, sich aus Auseinandersetzungen herauszuhalten, und fühlt sich dabei ausgeschlossen und ausgegrenzt. „Hoffentlich halte ich das durch." „Ich rackere mich ab und bekomme nichts dafür." „Ich fühle mich als Versager." „Meine gut gemeinten Anregungen und Bemühungen werden nicht angenommen, gestern sogar abgewertet." „Ich bin gezwungen, immer Ja zu sagen." „Ich bin eifersüchtig auf die innige Beziehung zwischen meiner Frau und ihren Kindern." „Ich fühle mich wie ein Anhängsel meiner Partnerin." Der Patchwork-Vater spürt Einsamkeit. Seine Selbstachtung ist im Keller. Er hat das Gefühl, dass die Partnerin seine Situation nicht versteht. Er hat Sehnsucht, viel mehr Zeit mit ihr allein zu verbringen. Doch die Zeit ist kaum da. Wie soll es weitergehen? Wie sieht die Zukunft aus?

Die Kinder sind verwirrt und verunsichert. Das drücken sie in Feindseligkeit aus, in Machtkämpfen, in Konkurrenz untereinander. Sie haben Angst, ihre ganz private Beziehung zur Mutter zu verlieren. Sie sehnen sich zurück in die Vergangenheit, in die Zeit der Ursprungsfamilie mit dem leiblichen Vater oder zumindest in die Zeit des Lebens mit der Mutter allein.

Die Patchwork-Familie muss über Bewältigungsstrategien verfügen, um ihre Probleme zu lösen.

» Ideen für diese Phase

Sie haben erfahren: Die harte Konfrontation mit der Realität ist unerfreulich. Doch Schwierigkeiten und Konflikte sind normal. Die Konfliktphase ist eine Reaktion auf die fortschreitende zwischenmenschliche Nähe, die aus den Aktivitäten der Patchwork-Familie resultiert. Jeder Konflikt gibt den Anstoß, Verhalten zu hinterfragen und neue Vereinbarungen zu treffen. In diesem Sinne können Konflikte sogar als positiv angesehen werden, auch wenn sie sehr anstrengend sind.

Fassen Sie Mut: Durchgestandene Auseinandersetzungen werden tieferen Kontakt und neue Nähe schaffen und führen zur Akzeptanz von Unterschiedlichkeit. Gelöste Probleme sind Erfolge und geben Zuversicht, auch in Zukunft passende Lösungen zu finden.

Besprechen Sie miteinander Ihre Situation: Der Ist-Zustand sollte genau beschrieben werden. Dabei wird es unterschiedliche Verhaltensauffälligkeiten für enttäuschte Erwartungen geben. Die Befindlichkeit jedes Einzelnen sollte in den Blick genommen werden. Schenken Sie Differenzen Aufmerksamkeit und lassen Sie sie wertfrei nebeneinander stehen.

Zeigen Sie Verständnis füreinander: Stellen Sie die unterschiedliche Situation von Mutter und Patchwork-Vater heraus. Schätzen Sie die Bemühungen des neuen Partners. Beide Partner sind in der Konfliktphase sehr stark als Persönlichkeiten gefordert. Sie sollten sich der Besonderheit ihrer Familienform bewusst werden und sich von Erwartungen oder möglichen Zwangsvorstellungen befreien, so sein zu müssen wie Erstfamilien.

Stärken Sie als Mutter Ihr Zutrauen in die Fähigkeiten Ihres Partners, am Aufbau der Familie verantwortungsvoll mitzuwirken. Ermuntern Sie ihn, Ansprüche herunterzuschrauben und sich nicht zu überfordern.

Akzeptieren Sie Ihre Grenzen: Gerade Menschen mit hohem Verantwortungsbewusstsein belasten sich häufig mit Aufgaben, Pflichten und eigenen Ansprüchen, gegen die sie sich innerlich wehren. Oder sie fühlen sich für alles verantwortlich. Und zwar immer sofort. Sie sollten achtsam werden für die Grenzen Ihrer Belastbarkeit und sich ab und an besser mal zurückziehen. Wenn Sie selbst Ihre Grenzen nicht ernst nehmen, werden Sie unmerklich in die Opferrolle geraten. Sie fühlen sich ausgelaugt und reagieren dann vorwurfsvoll und gekränkt. Hegen Sie keine unerfüllbaren Erwartungen, dass die anderen die Grenzen, die Sie selbst nicht setzen, von sich aus erkennen. Das wird nicht geschehen. Stattdessen kann sich Resignation breitmachen. Der Patchwork-Vater, den dieses Problem besonders bewegt, wird merken: Wenn er mal Nein sagt, wird nichts in der Familie zusammenbrechen. Vielleicht lauern die Kinder sogar auf eine härtere Stellungnahme.

Ordnen Sie ein: Bewerten Sie die Feindseligkeit der Kinder als Ausdruck von großer Verunsicherung. So zeigt der Angriff der Kinder auf die Person des Patchwork-Vaters, welche Unklarheit und Desorientierung in dem neuen Familiensystem noch besteht. Der Partner der Mutter sollte die Angriffe deshalb weder überbewerten noch persönlich nehmen.

Eine distanzierte Haltung erleichtert es, starke Gefühlswallungen zu verhindern und nüchtern Tatsachen ins Auge zu sehen. Abstand lässt sich gewinnen, wenn die Situation wie durch ein Fernrohr betrachtet wird. Oder wenn die betroffene Person tief durchatmet und bis fünf zählt, bevor sie etwas entgegnet. Sie kommt dann in eine andere Verfassung. Notfalls muss sich der Angegriffene eine Bedenkzeit einräumen (Gruhl 2010, 146).

Sie sollten wissen: Dasjenige Kind gibt den Anstoß zu aufbrechenden Auseinandersetzungen, das sich am stärksten ausgeschlossen fühlt.

Lassen Sie sich ermuntern, den Kindern etwas zuzumuten, wogegen sie sich erst einmal sträuben. Seien Sie sich sicher, dass die höhere Familiendynamik mit ihren Konflikten neben der Konfliktfähigkeit der Kinder auch ihre Toleranz wachsen lassen wird – vorausgesetzt, die Konflikte werden fair ausgetragen (s. dazu folgende Anregungen). Der Mutter sollte dabei ihre starke erzieherische Position deutlich sein, damit sie sich selbstbewusst zutraut, Grenzen abzuklären und einzufordern.

Gestatten Sie sich und den Kindern einen Perspektivenwechsel. Fragen Sie z. B. die Kinder: „Wie ginge es euch wohl, wenn ihr neu hier in die Familie kommen würdet? Was würdet ihr euch dann wünschen?"

» Konkrete Handlungsmöglichkeiten

Wie schon in der Forming-Phase: Verordnen Sie sich *„Oasen der Zweisamkeit"* und planen Sie diese konkret.

Schlagen Sie Besuche bei den Großeltern oder anderen Verwandten vor, die für Sie und die Kinder einen Stützpunkt darstellen und ein Zeichen für Beständigkeit sind. Vertrautes schafft Vertrauen.

Schaffen Sie Möglichkeiten zur Konfliktklärung und -vermeidung: Die Einrichtung von Familienkonferenzen kann die wichtigste gemeinsame Gesprächsbasis in der Storming-Phase werden. Verbunden mit weiteren Gesprächstechniken lässt sich damit eine erfolgreiche Kommunikation erreichen.

Familienkonferenz

Alle 14 Tage trifft sich Familie Keller um 18 Uhr zu einer Familienkonferenz. Familie Keller ist eine Patchwork-Familie, zu der zwei leibliche Kinder der Mutter gehören. Abwechselnd sorgt ein Familienmitglied für einen sauberen Küchentisch und für Getränke und Obst, so wird auch an das leibliche Wohl gedacht. Es gibt einen Kasten im Flur, in den alle Beteiligten Fragen, Wünsche oder Anregungen einstecken können. Auf jeder Familienkonferenz wird der Kasten geleert. Beim letzten „runden Tisch" gab es folgende Notizen:

- Ich will nicht mehr am Dienstag Abwaschdienst haben.
- Ehrlich – das Klo stinkt häufig so schrecklich.
- Mittagspause: Ich will wirklich nicht gestört werden – Mama.
- Rückkehrzeiten am Wochenende.
- Musik auf Zimmerlautstärke.
- Zum Bowling gehen.
- Ausflug am nächsten Sonntag.

Diese Themen werden vorgelesen, es wird gefragt, ob sie noch aktuell sind, manchmal hat sich schon etwas von allein erledigt. Zusätzlich wird reihum gefragt, wer noch etwas anderes auf dem Herzen hat, dann wird die Reihenfolge der Themenbearbeitung vereinbart. Wer leitet die Familienkonferenz? Es wird abgewechselt, auch die Achtjährige hat mit Unterstützung schon die Fähigkeit zu leiten. Nun sollen zufriedenstellende Ergebnisse zustande gebracht werden.

Mit der Einrichtung einer Familienkonferenz verfolgt Familie Keller verschiedene Ziele: Einmal wollen die Patchwork-Eltern eine bessere Beziehung zu ihren Kindern und auch zueinander herstellen. Sie hoffen, die Kinder auf diese Weise in die neue Familienkonstellation einzugliedern. Sie selbst zeigen dabei ihre Bereitschaft zur Kooperation und treten nicht als allwissende und allmächtige Erwachsene auf. Die Patchwork-Eltern legen damit Verantwortung auch in die Hände der Kinder.

Die Familienkonferenz gibt allen Beteiligten die Möglichkeit, ihr Unwohlsein in besonderen Situationen zu artikulieren, um Schwierigkeiten eine neue Wende zu geben, sowie ihre Wünsche an Eltern oder Geschwister auszudrücken. Denn all die Alltagsprobleme belasten das Miteinander der Familie, sei es das „frühe" Zubettgehen, sei es, dass die Kinder sich vor unangenehmen Arbeiten drücken, dass sie mit schmutzigen Schuhen durch die Wohnung schlurfen, dass sie ihre Hefte und CDs im Wohnzimmer verstreuen oder dass Eltern den Eindruck gewinnen, sie reden gegen die Wand.

Die Familienkonferenz bietet die Chance, effektiv mit unvermeidlichen Eltern-Kind-Konflikten umzugehen. Voraussetzung dafür ist ein gutes Miteinander-Reden, die Anwendung oder der Erwerb von Kommunikationsfähigkeiten, auf die wir früher hingewiesen haben. Leider kennen wir Äußerungen von Erwachsenen wie: „Ich bin ja bereit, auf dich einzugehen, aber du musst zuerst mal richtig zuhören!" Hier werden erst einmal Vorbedingungen gestellt, und dem anderen wird indirekt die Gesamtverantwortung für Veränderungen zugeschrieben. Alle Konferenzteilnehmer, besonders natürlich die Patchwork-Eltern, sollten bereit sein, zuerst bei sich zu schauen, was sie vielleicht anders machen können. So schaffen sie günstige Voraussetzungen für Veränderungen, anstatt Forderungen zu stellen.

Es ist natürlich nicht einfach, wenn manche Erwachsene gegen alte Gewohnheiten ankämpfen müssen, um ihren Kommunikationsstil zu verändern. Die meisten reagieren angesichts einer Situation, in der sie vor einem Problem stehen, so ähnlich, wie ihre Eltern es früher getan haben. Wenn diese häufig Moralpredigten hielten, neigen die Kinder zu ähnlichen Reaktionsweisen.

Unsere Erfahrung mit Familienkonferenzen ist ermutigend, zeigt sie doch, dass diese Treffen für kleine Kinder sowie für Jugendliche in der Adoleszenz passend sind, gerade wenn sich Letztere erst einmal ablehnend, aufrührerisch oder nachtragend verhalten. Und last not least sind Familienkonferenzen hilfreich für die Patchwork-Eltern selbst, deren unterschiedliche Empfindsamkeiten auf Verständnis bei den Kindern treffen werden. Die Gespräche, neu verteilte Verantwortlichkeiten und die Planung von gemeinsamen Aktionen fördern ein besseres Kennenlernen. Vertrauen kann wachsen und die Beziehungen stärken.

Die Kommunikation verbessern durch „Aktives Zuhören"
Eltern können sich die Technik des sogenannten Aktiven Zuhörens zunutze machen. Die vielleicht wichtigste Fähigkeit, wenn die Kinder sie kritisieren oder angreifen, ist zuhören zu können. Das „Aktive Zuhören" unterscheidet sich von bloßem Hinhören, indem es dem Sprecher die Gewissheit vermittelt, wirklich verstanden worden zu sein.

Die Konzentration des Zuhörers ist dabei ganz auf alle Signale des anderen gerichtet. Die Schwierigkeit besteht darin, den inneren Kommentar, die eigene Meinung für die Zeit des Zuhörens so weit wie möglich auszuschalten. Das ist für Erwachsene gleichermaßen wichtig wie schwierig. Haben sie es doch häufig mit Beschwerden, Ausflüchten, Anschuldigungen der Kinder oder des Partners zu tun. Im Aktiven Zuhören drückt sich die Haltung zum Gegenüber aus, dass nur diese Person diejenige ist, die ihr Thema, ihr Problem auch wirklich kennt.

Hinderlich beim Aktiven Zuhören ist es,

- in Gedanken eigene Kommentare vorzuformulieren, während der andere spricht,
- beim Zuhören eine eigene Meinung zu dem Gesagten zu entwickeln,
- Überlegungen darüber anzustellen, was der andere wohl von einem erwartet,
- Ungeduld zu zeigen.

Förderlich beim Aktiven Zuhören ist es,

- für eine ungestörte Gesprächssituation zu sorgen,
- durch Stimme, Körperhaltung und Blickkontakt Zugewandtheit auszudrücken,
- durch Kopfnicken und kurze Äußerungen (wie z.B. „Ah ja!" oder: „Ach so, ok, das verstehe ich") Verständnis zu signalisieren,

- den Sprechenden zu ermuntern weiterzureden, wenn er eine längere Pause macht oder nicht recht weiterweiß,
- keine Angst vor plötzlicher Stille zu haben,
- das Gesagte in eigenen Worten zusammenfassend zu wiederholen. Die Wiederholung signalisiert dem Sprechenden, dass seine Äußerungen verstanden worden sind,
- die Gefühlsebene zu beachten, die des Sprechers ebenso wie die eigene (und sie möglicherweise anzusprechen),
- nachzufragen, wo es zum Verständnis nötig ist,
- den Sprechenden nicht zu unterbrechen.

Die Kunst des Aktiven Zuhörens lässt sich nicht durch Nachlesen erlernen, sondern allein durch Ausprobieren. Dazu gibt es Kurse in verschiedenen Institutionen der Erwachsenenbildung, z. B. in Elternschulen.

Auf Gefühle eingehen, die bei der Person mitschwingen

Unterstützend für das Verhältnis Eltern-Kinder ist, dass die Eltern die Kinder wissen lassen, dass sie die Gefühle akzeptieren, die hinter den eigentlichen Wörtern stehen. Wenn der Sohn schreit: „Warum bin immer ich derjenige, auf dem du herumhacken musst?", wird es kaum helfen, wenn das Gesagte nur wiederholt oder zusammengefasst wird. Eltern müssen herausfinden, welche Gefühle und Wünsche bei dieser Äußerung mitspielen. Eine mögliche Antwort auf den Gefühlsausbruch könnte sein: „Du bist so wütend auf mich. Wo fühlst du dich denn ungerecht behandelt?" Oder: „Was möchtest du anders?" So besteht die Chance, dass sich das Kind verstanden fühlt – eine Ausgangsbasis für ein klärendes Gespräch. Dagegen würde eine direkte Antwort auf die Frage des Sohnes den Konflikt eskalieren lassen. Diese Überlegungen gelten auch für Erwachsene – denken Sie z. B. an den Bestimmer-Typ, der kaum auf die Gefühle der anderen eingehen kann.

„Wut" ist im Übrigen ein Gefühl, das wir nach einem anderen Gefühl empfinden, nämlich oft nach dem Grundgefühl „Angst". Die Mutter ist z. B. außer sich und schimpft wütend, wenn der Jugendliche viel zu spät nach Hause kommt. Ihr hat die Verspätung großen Schrecken eingejagt und Angst. Wut als sogenanntes Nachfolgegefühl (Gordon 2009, 177) wird fast immer als Du-Botschaft formuliert.

Ich-Botschaften senden

Ich- und Du-Botschaften lassen sich unterscheiden. Wenn Ich-Botschaften geäußert werden, bemerken Eltern nicht nur einen Unterschied in der Reaktion der Kinder, sondern drücken damit mehr Aufrichtigkeit und Offenheit aus. Ich-Botschaften helfen Eltern, ihre Gefühle auszudrücken, statt sie aufzustauen. Sie verschärfen die angespannte Situation nicht, sondern erleichtern die Problemklärung.

> „Eine Ich-Botschaft ist die Aussage einer Person über ihre Gefühle hinsichtlich des Verhaltens einer anderen Person." (Stanford 1980, 197) – „Es ärgert mich, wenn ich sehe, dass der Abwasch immer noch nicht gemacht ist. Ich finde unsere Wohnküche ungemütlich."

Eine Du-Botschaft stellt fest, was mit der anderen Person nicht stimmt.

> „Du hast mal wieder vergessen, den Abwasch zu machen."

„Eine Ich-Botschaft liefert Informationen darüber, wie eine andere Person auf uns wirkt. Eine Du-Botschaft ist der Versuch, den anderen abzustempeln oder ihm die Schuld zuzuschieben." (Stanford 1980, 198)

Empathie zeigen

Empathie ist die Fähigkeit, sich in die Gefühle, Haltungen und Gedanken anderer hineinzuversetzen. Wer empathisch ist, zeigt Interesse und Anteilnahme. Wir haben sicher alle schon erfahren, dass bei Menschen, mit denen wir Schwierigkeiten haben, unsere Bereitschaft sinkt, die Beweggründe und ihre Verfassung nachzuvollziehen. Doch gerade für den sozialen Zusammenhalt der Patchwork-Familie ist diese Bereitschaft Voraussetzung für einen ausgeglichenen Umgang miteinander. Das heißt nicht, dass Mutter oder Patchwork-Vater unpassendes Verhalten akzeptieren müssen. Doch Verständnis bewirkt, dass wir auf unerwünschtes oder feindseliges Verhalten nachsichtiger, maßvoller und konstruktiv reagieren können. Es schafft eine passendere Voraussetzung zur Klärung als aggressive Zurückweisung und wird für den Ablauf der Familienkonferenz positive Folgen haben.

Konsequenz oder Inkonsequenz? Ausnahmen bestätigen die Regel

Eine der pädagogischen Überzeugungen, denen wir am häufigsten begegnen, ist die, dass Eltern konsequent sein müssten.

> „Wenn man heute eine bestimmte Verhaltensweise seines Kindes nicht akzeptiert, darf man sie auch morgen nicht akzeptieren, oder man ist inkonsequent. Und dies sei falsch, haben viele Eltern gelernt. Das gleiche gilt für den umgekehrten Fall: Wenn man irgendeine Verhaltensweise am Montag ‚erlaubt‘, verhält man sich seinem Kind gegenüber nicht richtig, wenn man sich von demselben Verhalten am Freitag auf die Palme bringen läßt oder sie plötzlich für unerträglich hält." (Gordon 1981, 23)

Doch wir alle haben selbst erfahren, dass manche Verhaltensweisen an bestimmten Tagen akzeptabel sind, weil wir über eine ausgeglichene Verfassung verfügen. Zu anderen Zeiten verurteilen wir dieselben Verhaltensweisen, weil unsere Stimmung angespannt ist. Wichtig bleibt, die Richtung für Regelungen anzugeben, Toleranz bei Abweichungen fördert Humor und stärkt Vertrauen.

Zum Beispiel kann bei großem Widerstand des Kindes einmal das Zähneputzen ausfallen, weil heute die Sonne scheint, weil heute schon so viel in der Küche geputzt wurde oder weil der Patchwork-Vater gerade eine Gehaltserhöhung bekommen hat. Nach unseren Erfahrungen wird diese Ausnahme vom Kind nicht als die Erlaubnis interpretiert, allabendlich dasselbe Spiel zu betreiben. Es kann vielmehr die Abweichung von der Regel als besondere Aktion fröhlich abspeichern.

Manche Eltern merken, dass ihre Einstellung zu auffälligen Verhaltensweisen der Kinder sich je nach Umgebung ändert, in der sie auftauchen:

Stören die Mutter die zerzottelten Haare des Jugendlichen mit seinen leuchtend roten und blauen Strähnen im Alltag weniger, werden sie zum 80-jährigen Geburtstag des Großvaters zu einem Ärgernis. Wir erfuhren in einer Beratung, dass der Kampf des Pubertierenden um seine Haarpracht zur Geburtstagsfeier für ihn gut ausging, weil er zuerst auf die Unterstützung des Patchwork-Vaters bauen konnte. Anschließend bewertete der Großvater die Frisur sogar als originell und pfiffig.

Abschließende Bemerkungen

Allerdings gibt es auch Patchwork-Familien, die die Konflikt- und Klärungsphase nicht wirklich überwinden. Das kann durch einen besonders schwierigen Kontakt zwischen Erwachsenen und pubertierenden Kindern verursacht sein, aber auch durch Konflikte zwischen dem Patchwork-Paar selbst. Der pubertierende

Jugendliche wird vielleicht angepasster und friedlicher werden, oder er zieht aus, aber der Konflikt der Partner bleibt bestehen. Spätestens dann ist es ratsam, eine Paar- oder Familienberatung aufzusuchen. Noch besser ist es natürlich, frühzeitig die Partnerschaft krisenfest zu machen (s. Kap. 2), um besser gewappnet zu sein für kritische Situationen.

4.3 Verabredungen treffen und einhalten (Norming-Phase)

» Der Blick von außen

Das Klima in der Patchwork-Familie ist freundlicher geworden, eine gewisse Beruhigung ist eingetreten. Ein neues Zusammengehörigkeitsgefühl bestimmt immer mehr die Atmosphäre. Der Umgang miteinander ist respektvoller, Streitpunkte tauchen weniger heftig auf. Verfahren wie die Familienkonferenz sind eingeführt, um Entscheidungen gemeinsam zu treffen und zu bestimmen, wie abweichende Meinungen berücksichtigt werden. Absprachen sind vorhanden, Vereinbarungen wurden getroffen. Die Mitarbeit der Kinder im Haushalt hat sich verbessert. Hitzige Streitgespräche werden seltener. Das Patchwork-Paar schafft sich Ruhepausen miteinander.

» Die Beziehungen untereinander

Die Kinder merken, dass es den Eltern ernst ist, die neue Familie aufzubauen. Ihr Gefühl von Zugehörigkeit wächst. Sie schätzen das Bemühen, sie auch als Außenseiter zu integrieren, wenn sie sich mal unverschämt oder taktlos verhalten haben. Sie würdigen die von den Eltern initiierte Familienkonferenz. Sie gibt ihnen Sicherheit und die Gewissheit, dass sie gehört werden. Sie haben gemerkt, dass ihre Stimme zählt.

Patchwork-Vater und Mutter freuen sich über das wachsende Wir-Gefühl. Der Partner ist sicherer geworden im Umgang mit den Kindern. Er weiß, wie er die Mutter unterstützen kann, und verfolgt eigene Ideen. Die Mutter spürt, dass sie auf den Partner auch als sozialen Vater zählen kann. Beide finden mehr Zeit für ihre Zweisamkeit.

» Die einzelnen Familienmitglieder

Die Mutter spürt, dass sich die Kämpfe nicht gegen sie gerichtet haben, um sie fertigzumachen. Es waren innere Widerstände der Kinder gegen Neuerungen und ihre emotionsgeladenen Reaktionen, die die schlechte Atmosphäre verursacht haben. Sie freut sich über den besseren Kontakt der Kinder zu ihrem Partner. Sie beobachtet, welche originellen Ideen er hervorbringt, um mit den Kindern Spaß zu haben. Sie kann wieder mehr lachen und fröhlich sein und fühlt sich ausgeglichener. Die Mutter ist gestärkt in der Partnerschaft. Sie sieht sich in ihrer jungen Familie auf gutem Weg und ist stolz auf sich, dass sie den Mut hatte, eine neue Partnerschaft einzugehen und eine Patchwork-Familie mit aufzubauen.

Der Patchwork-Vater fühlt sich häufiger gewürdigt und spürt, wie die Kinder ihn mehr und mehr akzeptieren. Er geht gern mit dem Älteren auf den Fußballplatz oder zum Schwimmen und begleitet die Jüngste in den Turnverein. Er merkt, dass er die Kinder manchmal besser verstehen kann als die Mutter, weil er nicht so verhakt ist und mehr den Blick von außen hat. Sein Engagement für die Familie wächst, und seine Partnerschaft ist glücklicher geworden.

Die Kinder fühlen sich gesehen und sind bereit, Verantwortung zu übernehmen auch für weniger beliebte Aufgaben wie Abwaschdienst oder Ordnungsdienste. Die von ihnen akzeptierten Regeln lassen sie insgesamt in ihrem Verhalten sicherer werden. Sie freuen sich darüber, dass sie manchmal allein mit dem Patchwork-Vater oder allein mit der Mutter etwas unternehmen, und haben das Gefühl, gewürdigt und wertgeschätzt zu werden. Sie fühlen sich geborgen.

» Ideen für diese Phase

Machen Sie Mut, Unangenehmes zu klären: Wir fühlen uns ja selten wohl, wenn wir uns mit Spannungen beschäftigen müssen. Doch es lohnt sich, auch unangenehme Themen anzupacken. Gelöste Konflikte bewirken eine Zunahme von Vertrauen und Zusammengehörigkeitsgefühl. In dem Zusammenhang ist die Einsicht von James Baldwin zukunftsweisend:

> „Nicht alles, dem man gegenübertritt, kann geändert werden, aber nichts kann geändert werden, wenn man ihm nicht gegenübertritt." (zitiert nach Stanford 1980, 169)

Positive Erfahrungen ins Blickfeld rücken:

Was ist gelungen, woran muss noch gefeilt werden? Sprechen Sie mit der gesamten Familie darüber, welche neuen Erfahrungen gemacht wurden. Die Familienmitglieder schaffen es ja jetzt, aufeinander einzugehen. Meinungsverschiedenheiten werden akzeptiert, ausgetragen und nicht ignoriert. Es ist ein großes Verdienst aller, wie es ihnen gelingt, den Prozess einer Problemanalyse zu unterstützen, gerade wenn Einzelne selbst emotional betroffen sind.

Besonders für die Erwachsenen gilt: Je flexibler ihre Vorstellungen sind, desto besser können sie sich neuen Lösungen öffnen und Zufriedenheit gewinnen. Dem Bedürfnis der Kinder, eigene Fähigkeiten zu zeigen oder zu entwickeln, sollte Raum gegeben werden. Neue Themen und neue Vorgehensweisen werden ständig die Balance in der Familie verändern.

Ein Beispiel: Für die alten Eltern der Mutter ist es beschwerlich geworden, die Patchwork-Familie besuchen zu kommen. Die Kinder sollen deshalb 14-tägig zu ihrer Wohnung fahren. Die Mutter organisierte die Treffen bisher, künftig wird das der älteste Sohn übernehmen. Die Mutter wird von der Terminabsprache entlastet, gleichzeitig kann der Sohn seinen Essenswunsch der Oma direkt vortragen.

Im Vertrauen auf die Übernahme neuer Verantwortung und die Lernbereitschaft aller Familienmitglieder wird auch die Streitschlichtung einfacher und erfolgreicher sein. Dabei sollte die Technik des Aktiven Zuhörens immer wieder angewendet werden: Keine Lösung ist befriedigend, wenn nicht alle das Gefühl haben, zumindest gehört und verstanden worden zu sein.

Gewinn/Gewinn statt kleinster gemeinsamer Nenner: Konflikte sind meistens das Ergebnis von Auseinandersetzungen, in denen zwei oder mehrere Parteien Unterschiedliches wollen. Viele Eltern denken, dass Konflikte beigelegt sind, wenn eine Person gewonnen hat. Dann hat aber eine andere verloren. Dieses Entweder-oder-Denken ist für Prozesse der Problemlösung wenig hilfreich, weil Unzufriedenheit bestehen bleibt oder das Gefühl, unterlegen oder ohnmächtig zu sein. Das ruft Ressentiments hervor. Es gibt jedoch Wege, Verabredungen zu treffen, mit denen alle Beteiligten zufrieden sein können. Dazu gehören die folgenden Verhandlungstechniken.

- *50-zu-50-Regelung:* Treffen wir uns in der Mitte?
- *Ziele modifizieren:* Können veränderte Prioritäten oder Ziele eine Lösung ermöglichen?

Ein Beispiel: Sohn Tobias hat gerade den Führerschein gemacht. Er möchte Autofahren üben und schlägt vor, dass er künftig den Einkauf der Getränke mittwochs mit dem Auto machen kann. Dafür übernimmt seine Schwester mittwochs das Staubsaugen.

- *Kuchen vergrößern:* Kann der Problembereich vergrößert werden? Kann dann eine bessere Verteilung gefunden werden?

Ein Beispiel: Der Sohn fordert höheres Taschengeld ein. Die Mutter meint, sein Taschengeld reiche aus. Endlich stimmt sie zu unter der Bedingung, dass der Sohn künftig seine Kinobesuche selbst bezahlt.

- **Nachteile verringern:** Können die Nachteile für die eine Seite verringert werden? Und wenn, wie? Jetzt sofort oder durch Versprechungen für die Zukunft?

Ein Beispiel: Benjamin hört sehr laut Musik in seinem Zimmer. Die Eltern möchten in ihrem benachbarten Schlafzimmer ab 21 Uhr nicht mehr gestört werden. Die Einigung besteht darin, dass Benjamin ab 21 Uhr Kopfhörer benutzt.

- **Besondere Kompensation:** Können bisher unerfüllte Wünsche einer Seite mit anderen Mitteln erfüllt werden?

Ein Beispiel: Lisa möchte unbedingt ein zweites Aquarium von ihrem Geld kaufen und aufstellen. Aber wo? Das eigene Zimmer ist zu klein. Die Patchwork-Eltern erlauben schließlich den Aufbau im Wohnzimmer.

- **Nachbessern:** Wie können schiefe Kompromisse nachgebessert werden? Kann man Vorteile in bisher unberücksichtigten Punkten einräumen?

Ein Beispiel: Nur Pauline hat ein Fahrrad mit federndem Sitz bekommen. Schwester Anna möchte es auch benutzen, weil sie im Sommer eine Radtour machen will. Sie streiten sich darum. Beide einigen sich, dass Pauline ihr Fahrrad für die Radtour zur Verfügung stellt.

Voraussetzung für diese Verhandlungen ist Offenheit für Vorschläge aller, besonders Kinder sind kreativ beim Sammeln von Ideen. Manche Vorschläge werden für beide Seiten akzeptabel sein. Wenn keine Idee angenommen werden kann, ist es möglich, einen zusätzlichen Ausgleich zu schaffen. Dieser liegt vielleicht auf einer anderen Ebene, berührt ein anderes Thema.

4.4 Vertrauen und Zusammenhalt erleben (Performing-Phase)

Die vierte Phase ist gekennzeichnet durch Beständigkeit und gegenseitige Akzeptanz, so dass die Familienkonflikte denen in Erstfamilien gleichen.

> „Die Gründung einer Patchworkfamilie lässt sich mit dem Erklimmen eines hohen Berges vergleichen: Es gibt kritische Augenblicke, doch das Glücksgefühl beim Erreichen des Gipfels ist unvergleichlich und schafft Selbstvertrauen, das viele Jahre anhält." (Papernow 2001, 76)

» **Der Blick von außen**

Aus der Restfamilie ist jetzt eine Patchwork-Familie geworden, die von einem gemeinschaftlich agierenden Paar geleitet wird. Auch wenn die Beziehungen jeweils unterschiedlich vertraut sind, kennzeichnet ein Zugewinn an Sicherheit und Ruhe die Familienatmosphäre. Die Bereitschaft zur gegenseitigen Unterstützung und Solidarität ist gewachsen. Vereinbarungen haben Klarheit und Verbindlichkeit geschaffen, Verantwortung wird übernommen. Individuelle Aktionen und gemeinschaftliches Handeln sind akzeptiert. Ein Spiele-Abend findet einmal wöchentlich statt, regelmäßig zumindest mit der jüngeren Tochter. Reisepläne werden geschmiedet, ein Schüleraustausch organisiert, die Patchwork-Eltern dürfen auch mal ein Wochenende allein verbringen. Die Konflikte der Pubertierenden verstehen die Erwachsenen als entwicklungsbedingt und beantworten sie entsprechend. Manche Störungen scheinen dabei nicht auflösbar, doch dies belastet nicht mehr die Paarbeziehung. Kontakte nach außen werden gepflegt.

» Die Beziehungen untereinander

Das Zusammengehörigkeitsgefühl ist so gefestigt, dass es die individuelle Entfaltung von Bedürfnissen erlaubt. Wertschätzung und Vertrauen zueinander bestimmen das Verhalten. Offenheit besteht beim Austausch verschiedener Meinungen. Standpunkte aller Beteiligten finden Beachtung, sie suchen bei Schwierigkeiten gemeinsam nach Lösungen. Die Beziehung der Kinder zum Patchwork-Vater hat sich stabilisiert und die zum außen lebenden Vater hat sich abgeschwächt.

Für die Familienkonferenz gibt es ein festes Datum. Manchmal muss nichts geklärt werden, dann wird geklönt, gespielt, oder jeder macht etwas für sich. Die Streitereien bewegen sich im Normalbereich.

» Die einzelnen Familienmitglieder

Die Mutter fühlt sich von Kindern und Partner wertgeschätzt und ist ausgeglichen und zufrieden mit ihrem Leben. Durch ihre Fähigkeit, sich in andere hineinzuversetzen, ist es ihr gelungen, das Zusammenwachsen von Patchwork-Vater und Kindern zu unterstützen. Sie kann sich mal zurückziehen, findet Zeit für sich, für ihren Mann und für die Kinder. Die Partnerschaft ist zu einem stabilen Zufluchtsort geworden. Es macht ihr Freude, zusammen mit dem sozialen Vater den Freundeskreis zu erweitern. Sie ist so voller Freude und Stolz über die neue Familie, dass es ihr leichtfällt, eine Gesprächspartnerschaft zwischen dem außen lebenden Expartner und dem Patchwork-Vater zu ermöglichen. Beide begegnen sich beim oben erwähnten Elternpakt.

Der Patchwork-Vater ist in der Familie angekommen. Er fühlt sich angenommen und akzeptiert. Verantwortung für seine neue

Familie trägt er bereitwillig. Er gibt Impulse bei inhaltlichen Themen und hat gelernt, mit Meinungsverschiedenheiten umzugehen. Er hat das Gefühl, durch das Leben mit den Kindern ganz neue Seiten an sich zu entdecken, und ist dankbar, immer wieder zu neuen Sichtweisen und Stellungnahmen herausgefordert zu werden. Er schätzt es, mit seiner Partnerin etwas zu zweit zu unternehmen in dem Bewusstsein, dass die Kinder gut versorgt sind.

Die Kinder erleben ihre neue Familiensituation als gewinnbringend. Sie akzeptieren Regeln und Normen. Wenn ein Kind sagen würde, bei uns wird das so und so gemacht, würde das andere zustimmen. Ihr Gefühl der festen Familienzugehörigkeit erlaubt ihnen, sich verständlich zu machen und individuelle Bedürfnisse zu formulieren. Es hat sich eine solidarische Selbstverständlichkeit im Umgang mit dem Patchwork-Vater entwickelt. Sie vertrauen ihm Geheimnisse an, die für die Mutter als zu heikel erscheinen. Das Bewusstsein, dass der außen lebende Vater für sie da sein kann, wenn sie es wünschen, schafft Entlastung und Gelassenheit. Er ist ihnen aber weniger wichtig als früher.

» Folgerungen

Vermutlich braucht diese Familie keine besonderen Beratungsideen mehr. Konfliktträchtige Themen werden aber bleiben, wie z. B. der Umgang mit Familienfesten, der Kinderwunsch des neuen Elternpaares oder die Finanzierung der Ausbildung eines Kindes.

Wenn eine Patchwork-Familie diese vierte Phase erreicht hat, werden die Kinder gelernt haben, sich flexibel in neuen Situationen zu bewegen und sich anzupassen, wo es notwendig ist. Sie trauen sich, neue Beziehungen zu knüpfen, haben Zuversicht gewinnen können und Zuverlässigkeit erlebt. Ein Vorbild für Partnerschaft wird sie auf ihrem Lebensweg begleiten. Wir haben die Erfahrung gemacht, dass diese Beziehungen besonders stark und fest sind, weil sie „erarbeitet" wurden.

4.5 Ablösung und Trennung (Separating-Phase)

Das Ende des Zusammenlebens in der Patchwork-Familie ist durch das Älterwerden vorprogrammiert, irgendwann werden die Kinder aus dem Haus gehen. Es gibt aber auch andere Gründe für Trennungsphasen: Eine Lösungsmöglichkeit für ein kritisches Problem besteht im Auszug eines Kindes, in der Regel des pubertierenden Jugendlichen.

In jedem Fall kommt der Wirrwarr des Abschieds, eine Phase der Unsicherheit und Unruhe, die neue Entscheidungen nötig macht und andere Verantwortlichkeiten hervorbringt. Darauf müssen sich alle einstellen. Es ist unterschiedlich, wie die Familienmitglieder mit Schluss-Situationen umgehen. So wie jeder seinen besonderen Einstieg in die neue Familiensituation hatte, so hat auch jeder seinen individuellen Abschluss. Die fast erwachsenen Kinder zeigen häufig durch ihr Verhalten, dass das Ende naht:

- Manche Kinder werden versuchen, ihre Zeit in der Familie zu verlängern, um die Trennung zu verhindern oder hinauszuzögern. Auch Eltern, insbesondere Mütter, starten manchmal Versuche, die Kinder „festzunageln", um die alte Familienform zu bewahren, und erschweren so sich selbst sowie den Kindern den Abschied.
- Andere Kinder werden versuchen, die Familie abzuwerten, Streitigkeiten anzuzetteln, Unruhe zu stiften, um sich die Trennung zu erleichtern.
- Wieder andere empfinden Wehmut, haben Angst vor dem Verlust des Vertrauten, klammern sich an Mutter oder Patchwork-Vater.
- Die meisten Kinder freuen sich auf die Zukunft, sie sind abenteuerlustig oder zumindest neugierig auf ein selbstständiges Leben.

Die Eltern sollten für einen geeigneten Abschluss sorgen, damit die Kinder gut gehen können:

- Ein Rückblick auf das Leben in der Familie mit Fotografien oder Texten wird die gemeinsam verbrachte Zeit in der Patchwork-Familie in Erinnerung rufen und würdigen.

- Das Wissen, dass die Patchwork-Eltern immer Ansprechpartner und Helfer in der Not bleiben werden, verschafft Zuversicht und Selbstvertrauen.
- Das Vertrauen in die gute Beziehung des Elternpaares entlastet und lässt die Sorge und Verantwortung für die Patchwork-Eltern vorläufig verblassen.
- Die Würdigung seitens der Eltern über den bisher gelungenen Lebensweg des Kindes stärkt und macht Mut.
- Die Freude und Zuversicht der Patchwork-Eltern, dass das Kind einen guten Weg gehen wird, steckt an.
- Der Neid mancher Elternteile, dass sie noch mal so jung sein möchten, um so viele Wege ausprobieren zu können, vergrößert die Vorfreude des Kindes.
- Die Planung eines Treffens mit der Familie in absehbarer Zeit schenkt Sicherheit in der Trennungsphase.

Häufig werden Erinnerungen beim Abendessen ausgetauscht, es kann einen Rückblick geben auf besondere Ereignisse in der Patchwork-Familie. „Weißt-du-noch-Geschichten" aktivieren vergangene Erlebnisse und Gefühle.

» Ausblick

Wenn die Kinder eines nach dem anderen das Haus verlassen, werden sie neben der Freude auf ihr eigenständiges Leben auch ein Gefühl von Dankbarkeit mitnehmen über das Erlebte – auf jeden Fall ein inneres Vorbild für Partnerschaften und zusätzlich das gesammelte Erfahrungswissen, wie eine Familie funktioniert.

Die Eltern werden sich jetzt mehr auf ihre Paarbeziehung konzentrieren. Sie können die Chancen nutzen, ihr Älterwerden zu etwas Neuem und Aufregendem zu machen. Der Ausblick, dass die Kinder wieder zu Hause sein können, wenn sie es mögen, zu Weihnachten oder bei anderen Festen oder in Situationen, in denen sie Unterstützung brauchen, wird allen Familienmitgliedern den Abschied erleichtern.

4.6 Wenn Schwierigkeiten wachsen

Die Entwicklung der Patchwork-Familie läuft nicht frei von Konflikten. Wir haben Anregungen gegeben, um Stolpersteine, Unstimmigkeiten und Streit zu vermeiden oder zu überwinden. Wird ein dringender Rat gesucht wegen unlösbar scheinender Konflikte, sollten Beratungsstellen aufgesucht oder einzelne Berater angesprochen werden. Institutionen für Eltern- und Erziehungsberatung sind in den Kommunen erreichbar, sie sind staatlich, kirchlich oder als freier Trägerverein organisiert. Adressen finden Sie im Internet oder im Telefonbuch. Familientherapeuten oder Jugendpsychologen in eigener Praxis sind am besten über Empfehlungen anzusprechen.

Das gute Zusammenspiel Ihrer Paarbeziehung ist entscheidend für das Gelingen der Patchwork-Familie. Wenn Zweifel an der Festigkeit der Partnerschaft bestehen, sollten die Partner Besonnenheit walten lassen und sich entscheiden, erst einmal nicht zusammenzuziehen. Für das Ausleben ihrer Liebe ist so ein Schritt nicht dringend notwendig.

Wer sollte an Beratungssitzungen teilnehmen? Häufig suchen Mütter allein eine Beratungsstelle auf, wenn Probleme in der Familie bestehen. Nach Darstellung der Thematik kann entschieden werden, in welcher Zusammensetzung weiter miteinander geredet werden soll. Generelle Regeln sind nicht aufzustellen, wir können nur Empfehlungen geben. Bei Problemen mit einem der Kinder sollten zunächst möglichst die Eltern und alle Kinder gemeinsam erscheinen. Damit wird den Kindern signalisiert, dass auch sie mithelfen können, passende Lösungen für das anstehende Problem zu finden. Bei weiteren Sitzungen müssen nach unserem Verständnis in jedem Fall die Eltern dabei sein. Wie häufig alle Kinder anwesend sein sollten, hängt von der Thematik ab. Wenn sich ein Thema der Eltern- oder der Paarbeziehung herauskristallisiert, kann weitgehend auf die Anwesenheit der Kinder verzichtet werden. Es kann aber auch eine Reihe von Beratungen allein mit dem identifizierten Klienten, einem Kind, geben, wobei die Eltern vorher und zwischendurch zur Unterstützung hinzugezogen werden können. Das ist in der Regel bei Jugendlichen mit Magersucht der Fall. Allein wird der oder die Magersüchtige ungebremst Wünsche an die Eltern formulieren, über die dann später zusammen mit den Eltern verhandelt werden kann.

In Schule und Kindergarten sollten in gravierenden Fällen die erziehungsberechtigten Eltern und auch der Patchwork-Vater als sozialer Vater bei Beratungen hinzugezogen werden. So kann man gemeinsam Vereinbarungen für das künftige Vorgehen in Kindergarten, Schule oder Zuhause treffen und Möglichkeiten der Zusammenarbeit mit Familie und Institutionen ausloten. Dort können auch Empfehlungen ausgesprochen werden, andere Hilfsmöglichkeiten zu nutzen und weitergehenden fachlichen Rat bei Familientherapeuten zu suchen.

Ist Therapie für Kinder und Jugendliche aus Patchwork-Familien zwingend notwendig? Wenn hier viele Unterstützungsmöglichkeiten für Kinder angesprochen werden, könnte gefolgert werden, dass nach dem Schock und den familiären Veränderungen eine Psychotherapie für Kinder und Jugendliche in der Regel angebracht wäre. Wir als Familientherapeuten vertreten nicht die Ansicht, dass das generell notwendig ist. Für uns ist der beste Therapeut die alleinerziehende Mutter bzw. der alleinerziehende Vater. Sie stehen mit dem Kind direkt im Alltagsleben. Sie sind dessen Vorbild, sie verkörpern die Verlässlichkeit, den Mut zur Bewältigung der Krisensituation. Mutter bzw. Vater und Kinder können gemeinsam über den zerstörten Familienfrieden geweint haben, doch spätestens bei der Gründung der Patchwork-Familie stehen sie gleichzeitig für die Akzeptanz der Vergangenheit und für den Optimismus in der Zukunft.

Bleiben wir bei unserem Beispiel der Mutter: Sie hätte sich auch in einer normalen Erstfamilie mit den Entwicklungsschritten der Kinder und Jugendlichen auseinandersetzen müssen. Auch dann wäre ihr von dem 16-Jährigen vorgehalten worden, wie altmodisch sie ist. Es ist ja für sie selbst ein Lernprozess, die Sichtweise der Jugend kennenzulernen und als Anstoß für eigene persönliche Entwicklungen zu nehmen. Wenn sie jetzt besondere Probleme oder Schwächen des Kindes beobachtet, sollte die Mutter sich erst einmal selbst beraten lassen, möglicherweise zusammen mit dem Patchwork-Vater und/oder dem leiblichen Vater.

Ist die Mutter aktiv im Job verankert, hat sie vielleicht wenig freie Zeit. Die muss sie sich schaffen im Interesse ihrer Kinder. Was sollte an Überstunden gekürzt werden? Wie kann der Abend verbracht werden? Könnten Geschichten erzählt oder Spiele gespielt werden? Sicher wird dabei größere Vertrautheit entstehen, um auch über Themen zu sprechen, die für die Kinder bedrückend sind. Oder hat eine der Omas einen besonderen Zugang zu den Kindern? Der Idealzustand, dass die Kinder beim Mittagessen ihre Schulthemen, freudige Ereignisse oder besondere Sorgen loswerden können, entspricht selten der Realität, wenn die Mutter berufstätig ist. Natürlich gibt es Situationen, wo Jugendliche zweckmäßigerweise von einer fremden Person betreut werden. Die Auswahl wird sich auf geschätzte Personen beziehen. Das können Betreuer in Häusern der Jugend sein, der Trainer der Fußballmannschaft, die Erzieherin in der Kindertagesstätte oder die Pastorin im Konfirmandenunterricht.

Wenn eine Kindertherapie wirklich notwendig werden sollte, wird die Intimität zwischen Mutter bzw. Vater und Kind auf die Therapeutin übertragen. Sie bricht weg, wenn die Therapie beendet ist. Passende Voraussetzungen für den Übergang zu einem positiven Kontakt zu Mutter oder Vater müssen intensiv vorbereitet werden. Was können diese selbst noch zusätzlich zur Stärkung ihrer Kompetenz unternehmen?

- In Familienbildungsstätten, Elternschulen oder ähnlichen Einrichtungen gibt es einschlägige Kurse.
- An Büchern können wir Gordon (2009) und Juul (2011) empfehlen, aber es gibt noch viele andere auf dem Markt. Das Konzept beider Autoren wird auch in Seminaren angeboten. Der Unterschied ihrer Konzepte in Kürze: Gordon stellt mehr die soziale Persönlichkeit der Beteiligten in den Vordergrund, Juul dagegen ihre Individualität.

5 Komplexe Patchwork-Familien – größere Herausforderungen

Die häufigste und zugleich einfachste Konstellation von Patchwork-Familien haben wir bisher behandelt: Nach der Trennung nimmt die Restfamilie mit Mutter und Kindern nur ein neues Familienmitglied, den Patchwork-Vater, auf. Komplexere Konstruktionen der Patchwork-Familie vereinen noch mehr Personen und sorgen für zusätzliche Herausforderungen. Was bedeutet es für die Familienmitglieder z. B., wenn das Kind des Patchwork-Vaters regelmäßig zu Besuch kommt oder als ständiges Mitglied in die Familie aufgenommen wird? Für die Betroffenen ist es nicht nur die Aufnahme eines zahlenmäßig zusätzlichen Familienmitgliedes. Der oder die Neue bringt andere Regeln mit, kennt andere Familienabläufe. Und als Einzelkind hatte es eine besondere Rolle. Unterschiedliche Anpassungsleistungen aller werden nötig.

Oder: Wie reagieren die Kinder, wenn der leibliche Vater erneut heiratet und noch ein Kind bekommt? Im Einzelnen wollen wir auf folgende komplexe Familienkonstellationen eingehen:

- Kinder des Patchwork-Vaters kommen zu Besuch.
- Geburt eines Kindes in der Patchwork-Familie.
- Der außen lebende Vater erwartet ein Kind.
- Zwei Restfamilien ziehen zusammen.
- Kontakt zwischen Geschwistern verschiedener Abstammung.
- Die Patchwork-Mutter wird nicht anerkannt.
- Großeltern leiden mit.
- Gemeinsames Wohnen planen.

Grundsätzlich gilt für alle komplexen Familientypen: Ihre Grenzen erweitern sich durch einen vergrößerten Familienkreis. Damit dauert der Kommunikationsprozess länger, die interne Abstimmung wird schwieriger, auch müssen die Patchwork-

Familienmitglieder mit zusätzlichen Rollenkonflikten rechnen. In unserem bisher behandelten Modell bezogen sich die meisten Rollenkonflikte „nur" auf die Mitglieder der „einfachen" Patchwork-Familie: die Mutter, die Kinder der Mutter, den Patchwork-Vater und den außen lebenden leiblichen Vater. Jede zusätzliche Person, die in engere Verbindung zur neuen Patchwork-Familie kommt, erweitert nun das Geflecht von persönlichen Bindungen. Die Nähe zueinander kann sich verringern, Gemeinschaftsgefühl und Familienidentität leiden. Das bedeutet nicht, dass aus einer komplexen Familie nur eine Wohngemeinschaft werden kann. Doch der Unterschied zur Vertrautheit in der Erstfamilie ist gravierend. Allein die Organisation wird aufwendiger. Wer trifft sich wann mit wem? Wie werden die Wochenend-Zeitvorstellungen von außen lebenden Müttern und Vätern mit den internen Zeitvorstellungen koordiniert?

Trotzdem muss bei einer angemessenen Vorgehensweise und bei Beziehungen, die von Kooperation und gegenseitigem Verständnis getragen sind, die Lebensweise nicht entscheidend schwieriger werden.

Die Kinder dieser komplexen Patchwork-Familien sind im Gegensatz zu den Eltern Teil von mindestens zwei Hauptfamiliensystemen. Verantwortlich aber bleiben die Eltern, die die jeweilige Patchwork-Familie führen. Auch dies erfordert bei Grenzberührungen der Systeme Kooperation. Wie soll z. B. das Weihnachtsfest ausgewogen organisiert werden, wenn das Kind des Patchwork-Vaters mit in der Familie wohnt? Wird die Mutter des Kindes bzw. die Expartnerin des Patchwork-Vaters eingeladen? Welche Großeltern dürfen kommen? Wann werden die anderen Großeltern besucht? Wo feiert die Exfrau des Patchwork-Vaters, wenn sie als Single lebt, und wo, wenn sie mit einem neuen Partner zusammen wohnt? Wann sieht sie das Kind?

5.1 Kinder des Patchwork-Vaters kommen zu Besuch

In der Regel leben die Kinder bei einem Elternteil und besuchen den anderen von Zeit zu Zeit. Sie sind also Mitglieder zweier Haushalte. Hier wachsen sie mit einem besonderen Lebensstil auf und werden dort mit einem völlig anderen konfrontiert. Es muss ein anstrengendes Wechselbad sein von Wiedersehensfreude, Unsicherheit und Abschied. „Erst wenn ich zurück bei meiner Mutter bin, kenne ich mich wieder aus", macht ein elfjähriger Junge seiner Verwirrung in einer Beratung Luft.

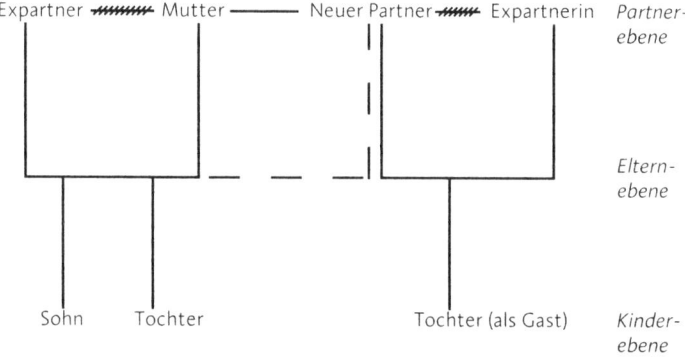

Abb. 6: Modellfamilie plus Gastkind

Der Patchwork-Vater hat eine eigene Tochter, die außerhalb bei ihrer Mutter wohnt. Er trifft sich regelmäßig mit ihr, möchte aber auch, dass sie seine neue Frau und seine Patchwork-Kinder kennenlernt. Er hofft, dass der Funken zu seiner neuen Familie überspringt. Wie wird die Tochter reagieren? Ist sie ängstlich, neugierig oder besonders skeptisch? Ob sie die anderen Kinder mögen wird? Und die zweite Frau des Vaters? Jedenfalls möchte die Tochter mit dem Besuch ihrem Vater einen Gefallen tun. Mögliche Reaktionen in der Familie sind:

– Mutter/Partnerin: Sie freut sich auf das Kind ihres Partners und will es kennenlernen. Vielleicht hofft sie, ihren Mann dann noch besser zu verstehen. Sie will Nähe zu dem Kind aufbauen. Oder sie wird nicht besonders begeistert sein, will aber ihrem Partner den Wunsch nicht verwehren. Eine große Nähe ist ihr erst einmal

zu viel, sie will in Ruhe die neuen Beziehungen in ihrer Patchwork-Familie aufbauen und dafür vorrangig ihre Energie und Konfliktbereitschaft einsetzen.
- *Kinder der Patchwork-Familie: Sie werden sich neutral geben und/oder neugierig sein, die Tochter kennenzulernen. Vielleicht ist sie ja wirklich nett, und sie könnten sich anfreunden. Außerdem sind sie gespannt, was sie Neues über ihren Patchwork-Vater erfahren.*

Die Patchwork-Eltern hatten in ihrem Leben bisher weder Gelegenheit, ein praktikables Muster für das Zusammensein als Patchwork-Familie aufzubauen noch haben sie ein Vorbild im Umgang mit Gastkindern. Ihnen ist ihre eigene Rolle unklar. Sie sollen als Eltern fungieren und gleichzeitig auch nicht Eltern sein. Auch die Rolle des Gastkindes ist unklar, es ist ja kein Besucher im herkömmlichen Sinn. Es soll sich wohlfühlen in der fremden Umgebung. Doch wenn es sich zu intensiv auf diese Patchwork-Familie einlässt, kann es zu Loyalitätskonflikten mit seiner leiblichen Mutter kommen. Es weiß dann plötzlich nicht mehr, wohin es gehört.

Auf jeden Fall wird besonders viel Geduld, Einfühlung und Toleranz für Unterschiede nötig sein. Deshalb sollten die Patchwork-Eltern genau vorbesprechen, wie die ersten Besuchstage der Tochter ablaufen könnten. Nach kurzen Begegnungen dient es dem Kennenlernen, gemeinsam eine längere Zeit miteinander zu verbringen. Falls gleiche Interessen der Kinder sich herausbilden, kann der Kontakt auf Wunsch der Kinder intensiviert werden. Dazu später mehr.

Die Patchwork-Eltern werden sich jetzt vielleicht weniger einmischen. Sie werden weniger versuchen, eine Beziehung herbeizuzwingen, als sie es zu Beginn der eigenen Familienzusammenführung noch probierten. Es kann sein, dass die Kinder der Patchwork-Familie sich ärgern, wenn sie ihr Zimmer teilen müssen mit der Tochter des Patchwork-Vaters, wenn sie nicht mehr die ungeteilte Aufmerksamkeit ihrer Mutter genießen oder sich der soziale Vater ihnen entzieht. Vielleicht wollen sie ein anderes Fernsehprogramm sehen oder andere Musik hören. Vielleicht haben sie sich darauf gefreut, mit dem Gastkind Karten zu spielen.

Doch das Gastkind mag keine Gesellschaftsspiele und Kartenspielen schon gar nicht. Jedenfalls gibt es unzählige Veränderungen, auf die sie sich einlassen müssen. Das Ergebnis kann sein, dass die Kinder sich widerspenstig und unkooperativ verhalten. Das Gastkind dagegen vermisst vielleicht seine Freunde, ist enttäuscht darüber, dass die persönlichen Gegenstände der anderen deren Privateigentum sind, die es nur mit Erlaubnis nutzen darf. Ihm ist unwohl, weil es sich als Eindringling empfindet.

Wenn kooperative Gespräche nicht weiterbringen, sollte der Patchwork-Vater die Zweisamkeit mit seiner Tochter suchen, ein gelegentlicher Kontakt mit der Patchwork-Familie, z. B. bei Familienfeiern, wird beibehalten.

Stolperstein: Erwartungen des Patchwork-Vaters. Der Patchwork-Vater darf sich von der neuen Gemeinsamkeit zwischen leiblichem Kind und Patchwork-Kindern nicht zu viel versprechen, insbesondere wenn größere Altersunterschiede die Kinder trennen. Er muss sich über seine Erwartungen und Hoffnungen klar werden. Welche Anforderungen stellt er an die anderen? Er sollte seine Befürchtungen mit der Partnerin austauschen, ob vielleicht mit dem Besuch des Gastkindes zu viel Druck auf die Patchwork-Familie ausgeübt werde. Zwang, dass die Kinder sich mögen müssen, dass sie sich wie enge Geschwister verhalten und schätzen sollen oder sich als solche anerkennen müssen, ist für die Aufnahme neuer Beziehungen kontraproduktiv. Der Patchwork-Vater hofft zwar, dass sein Kind an seiner neuen Familie teilhaben will, aber es wird in erster Linie in die Familie seiner Expartnerin eingebunden bleiben. Es weiß damit auch, wohin es gehört.

Der soziale Vater muss sich vor der Gefahr hüten, seine Patchwork-Kinder auf die zweite Bank zu platzieren. Sie würden es spüren und unliebsame Konkurrenzgefühle gegenüber dem Gastkind aufbauen. Deswegen ist zu empfehlen, dass er gemeinsame Aktionen mit allen Kindern macht, Eis essen geht, Karten spielt, zum Kegeln geht – je nach Bedürfnis der Kinder. Er sollte für Kontaktmöglichkeiten der Kinder untereinander sorgen und zunächst ausführliche private Einzelgespräche mit seiner Tochter unterlassen, solange sie im Haus der Patchwork-Familie zu Besuch ist.

5.2 Geburt eines Kindes in der Patchwork-Familie

Unsere Patchwork-Eltern werden ein Kind bekommen. Alle sind in Erwartung. Wenn nicht die Hochzeit des Patchwork-Paares schon ein eindrucksvolles Familienfest war und ein Zeichen für die Zusammengehörigkeit gesetzt hat, wird spätestens das gemeinsame Kind zum Symbol der neuen Familienidentität. Das neugeborene Geschwisterkind kann zu einem besonderen Bindeglied für das Paar, aber auch für die gesamte Familie werden. Damit erhält es eine Schlüsselposition.

Sicher werden die Kinder der Mutter Ängste haben, ihre Position zu verlieren, wenn das neue Familienmitglied geboren ist. Wie in „normalen" Familien auch kann Anerkennen dieser Ängste, das einfühlsame Eingehen darauf sowie eine wiederholte Beruhigung diese Befürchtungen mildern. Dann ist die Voraussetzung geschaffen, dass sich ein liebevolles Verhältnis zu dem Neugeborenen entwickelt. Natürlich darf die Kontinuität der Betreuung der anderen Kinder darunter nicht leiden. Dieses Familienereignis bietet Raum für den Patchwork-Vater, zusätzlich Zeit zu finden für den Kontakt zu seinen Patchwork-Kindern, wenn die Mutter das Baby versorgt.

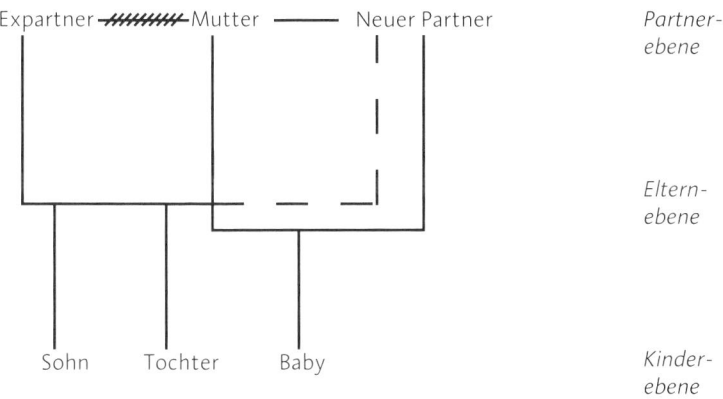

Abb. 7: Modellfamilie plus neugeborenes gemeinsames Kind

5.3 Der außen lebende Vater erwartet ein Kind

Das Kennenlernen einer neuen Partnerin des außen lebenden Vaters werden die Kinder nicht ungetrübt aufnehmen. Sie werden sich sagen: „Was ist an dieser Frau besser? Warum hatte er etwas gegen unsere Mutter?" Und wieder sind Erinnerungen an die Trennung präsent. Gefühle von Zurückgewiesensein, aufkommende Enttäuschung oder Ärger über das Nachlassen des Interesses des Vaters an ihnen wird möglicherweise auf seine neue Partnerin abgeleitet. Anders kann sich die Kontaktbereitschaft der Kinder entwickeln, wenn die neue Frau des Vaters nicht der Trennungsgrund der Eltern war, da er sie erst später kennengelernt hat. Darauf haben wir oben bereits hingewiesen.

Durch die Geburt eines Kindes werden Vorbehalte der leiblichen Kinder verschärft. Schnell können sie sich ausgeschlossen fühlen, insbesondere wenn sie merken, wie begeistert der Vater von seiner neuen Familie ist. Mögliche Reaktionen in der Patchwork-Familie sind:

■ Die auf Abstand bedachten Kinder: „Das ist ja das Kind seiner neuen Frau, deswegen wollen wir nicht so viel mit ihm zu tun haben."

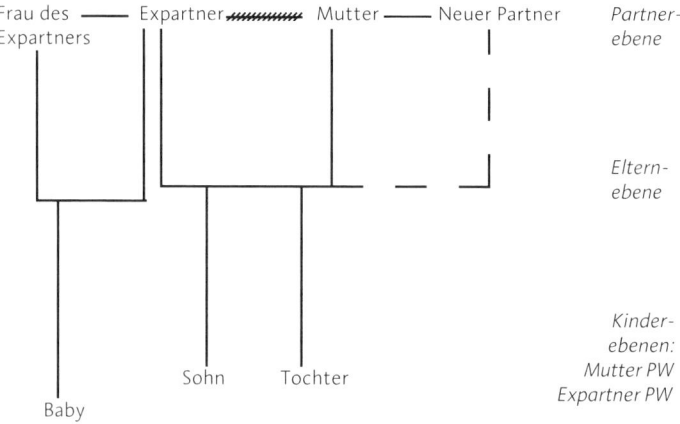

Abb. 8: Modellfamilie plus Expartner, dessen Frau und deren neugeborenes Kind

- Andere Kinder werden sich eher um das Baby kümmern wollen. Vielleicht sind sie stolz, die Entwicklung eines kleinen Kindes in ihrer Obhut zu haben.
- Das Patchwork-Elternpaar: „Die Familie vom Ex wird erstmal genügend mit sich selbst zu tun haben. Dann können und müssen wir uns zukünftig noch intensiver um unsere Kinder kümmern."

Die Kinder haben vermutlich keine Vorstellung, ob die Halbschwester / der Halbbruder ein Gewinn, eine Bereicherung für sie sein könnte. Unsere therapeutische Erfahrung zeigt, dass ein in der Patchwork-Familie geborenes Kind von den Halbgeschwistern besser angenommen wird als das in der neuen Familie außerhalb geborene. Es gehört ja auch zu einem anderen Familiensystem. Das neugeborene Kind des außen lebenden Vaters kann besser akzeptiert werden, wenn genügend „Vorarbeit" geleistet wurde. Darunter verstehen wir, dass der leibliche Vater seine Kinder behutsam und taktvoll auf die neue Situation vorbereiten muss und ihnen versichert, dass sie weiter seine Kinder bleiben und er ihnen Aufmerksamkeit schenken wird.

Stolperstein: Missstimmung der Kinder gegenüber der Patchwork-Familie des außen lebenden Vaters. Die Missstimmung kann ein Gemisch aus verschiedenen Anlässen sein:

- Der Vater hat möglicherweise schon früher die Kontakte zu seinen Kindern in der Patchwork-Familie verringert und damit seit Längerem Enttäuschung und Verlassenheitsgefühle bei den Kindern ausgelöst.
- Die Besuchszeiten beim Vater und der Kontakt zu ihm werden durch die Geburt des neuen Kindes weiter eingeschränkt, die Bedeutung der Kinder aus erster Ehe sinkt.
- Die Kinder nehmen mit der Geburt endgültig wahr, dass der Vater in einer anderen Familie lebt, die nicht die ihre ist. Sie hoffen sich zu schützen vor neuer Zurücksetzung, wenn sie sich seltener in dieser Familie aufhalten.
- Oft ist die Frau des leiblichen Vaters überfordert, neben dem eigenen Kind noch zusätzlich mit den Kindern des Partners umzugehen. Sie zieht sich bei gemeinsamen Treffen zurück. Ihre

Anstrengungsbereitschaft, einen zufriedenstellenden Kontakt zu den Gastkindern aufzubauen, sinkt insbesondere dann, wenn sie wenig würdigend von den Kindern wahrgenommen wird.

Wie immer in Patchwork-Familien, die Erwachsenen müssen überlegen, wie sie angemessen reagieren. Aussitzen wird eine unbefriedigende Situation nur verschlimmern. Der außen lebende Vater muss für sich abwägen, wie weit sein Interesse an den Kindern aus der ersten Ehe noch besteht. Seine neue Familie stellt nicht nur mehr zeitliche Anforderungen, sondern bedeutet für ihn auch eine neue Identität. Mit dieser kann der alte Ärger aus der abgebrochenen Beziehung vielleicht endgültig verschwinden. Folgerichtig reduziert er seine früheren Aktivitäten mit den Kindern aus erster Ehe. Das sollte möglichst nicht schleichend oder heimlich geschehen, sondern durch Gespräche mit den Kindern abgestimmt werden. Insbesondere geht es dabei um ihre Erwartungen, die sie gerade im höheren Alter gerne von dem Vater erfüllt sähen: Wie stellen sie sich den Kontakt vor? Wie häufig soll er stattfinden? Wie sollen die besonderen Tage ablaufen? Klare Vereinbarungen geben Orientierung.

Die Realität ist leider anders. Viele Väter entwickeln plötzlich egoistische Erwartungen an ihre Kinder: Sie fordern Wohlverhalten und Akzeptanz ihrer neuen Familiensituation und vertreten stur die Meinung, dass besonders ältere Kinder auf sie wegen Verabredungen und Treffen zuzugehen haben. Dies dürfte allerdings einen Kontaktabbruch provozieren.

Stolperstein: Geringere finanzielle Unterstützung durch den Vater. Mit dem verringerten Interesse des außen lebenden Vaters ist oft eine geringere Bereitschaft zur finanziellen Unterstützung seiner Kinder aus der Erstfamilie die Folge. Damit ist die Mutter gefordert zu entscheiden, inwieweit sie Kürzungen von Unterhaltszahlungen für die Kinder in Kauf nehmen oder sich einer juristischen Entscheidungsfindung aussetzen will – was alten Unfrieden und nervige Auseinandersetzungen mit dem Expartner bedeuten wird.

Probleme um die finanzielle Unterstützung der Kinder lösen sich häufig erst mit Beginn ihres 18. Lebensjahres, also mit der

Volljährigkeit. Dann lassen sich nämlich die finanziellen Angelegenheiten in direktem Kontakt zwischen leiblichem Vater und den Kindern abwickeln, was manche Väter über hohe Kosten aufklärt und mehr Verständnis für die Bedürfnisse der Kinder bewirkt. Es kann durchaus geschehen, dass die Kinder sich nicht trauen, mehr Geld für die Lebenshaltung einzufordern. Viele scheuen Auseinandersetzungen, befürchten demütigenden Streit und ziehen es vor, auf die Finanzierung ganz zu verzichten. Damit ist in der Regel ein Abbruch der Beziehung zwischen Vater und Kind wenigstens für die Ausbildungszeit besiegelt. (Bei juristischen Fragen s. Familienhandbuch im Internet.)

5.4 Zwei Restfamilien ziehen zusammen

Partner und Partnerin vereinbaren, dass jeder seine beiden Kinder aus der jeweiligen Restfamilie in die neu zu gründende Patchwork-Familie einbringen soll (s. Beispiel in Abb. 9). Zu jeder Restfamilie gehört eine außen lebende Person, Vater oder Mutter. Ein komplexer Prozess. Damit gehören zu jedem Elternteil in unserem Beispiel je zwei eigene Kinder und zwei Patchwork-Kinder mit einem außen lebenden Elternteil. Also müssen sich drei Haushalte arrangieren. Die Partnerin übernimmt die Rolle

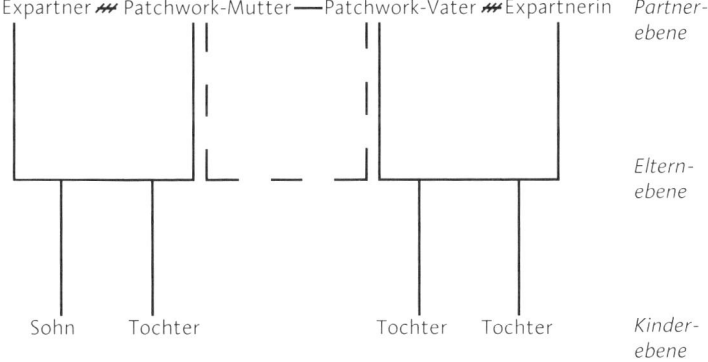

Abb. 9: Zwei Restfamilien werden zu einer Patchwork-Familie

als leibliche Mutter für ihre eigenen Kinder, aber auch die Rolle als Patchwork-Mutter für die Kinder ihres Partners. Entsprechendes gilt für den Partner umgekehrt. Es gibt in dieser Familie jetzt zwei Erziehungsberechtigte, jeder ist in dieser Funktion erstmal für seine beiden leiblichen Kinder zuständig. Von großem Vorteil für das Zusammenziehen ist, dass beide Partner unmittelbare Erfahrungen mit Erziehung haben. Andererseits stehen sich hier zwei Restfamilien mit unterschiedlichen Regeln, Traditionen und Wertvorstellungen gegenüber.

Diese beiden Familien können mit zwei Unternehmen verglichen werden, die sich mit ihrer Belegschaft und ihrer besonderen Arbeits- und Funktionsweise zusammenschließen (Visher / Visher 1987, 47f). Mit der Fusion soll aus beiden Betrieben ein einheitliches und effektiv arbeitendes Gebilde entstehen. Eine schwere Aufgabe für die Manager. Die Angestellten sind verunsichert. Eine Gruppe war eine freizügige Arbeitseinteilung gewohnt, die andere musste sich an strenge Vorgaben und Strukturen halten. In der Führungsetage gibt es Differenzen, jeder schätzt seine früheren Arbeitskollegen der Ursprungsfirma besonders, jeder verteidigt seine altbewährte Arbeitsorganisation. Unrealistische Erwartungen führen zu Enttäuschung und Ärger. Um die Stimmung zu heben, muss ein neues Zusammengehörigkeitsgefühl entstehen. Dazu braucht es fairen Umgang miteinander, Offenheit und die Bereitschaft zu praktikablen Kompromissen. Gleiches gilt für den Aufbau einer neuen Patchwork-Familie. Alle Beteiligten sollten erkennen, dass das Zusammenleben neu zu gestalten ist. Alle Regeln und Gewohnheiten gehören auf den Prüfstand.

Stolperstein: Zwei Familiensysteme in eines verwandeln. Zwei Familiensysteme sollen sich zusammenschließen, um ein gemeinsames System zu werden. Das heißt, zwei kleine, aber für sich unterschiedlich funktionierende Systeme mit jeweils eigenen Regeln und Verhaltensweisen vereinen sich. Alle Familienmitglieder müssen eine Fülle von komplexen Rollen, Erwartungen und Beziehungsproblemen gegenüber den leiblichen Eltern, gegenüber den Patchwork-Eltern, den Stiefgeschwistern und den übrigen Familienangehörigen klären. Das kann nur funktionieren, wenn verständnisvolle Absprachen für die neue Familie gefunden und z. B. in einer Familienkonferenz weiterentwickelt werden. Schon die Abstimmung über die Raumaufteilung in einer neuen, größeren Wohnung wird ein emotionales Thema sein.

Stolperstein: Zusammenwachsen in der Kindergemeinschaft. Das jeweilige Kinderpaar von Mutter und Vater ist für sich eine gewachsene und manchmal verschworene Gemeinschaft. Wie gelingt es, daraus eine Vierer-Mannschaft zu machen? Notgedrungen müssen sich die Kinder aneinander gewöhnen, obwohl sie sich die neuen Geschwister nicht ausgesucht haben. Auch wenn der eine oder andere nörgelig oder zickig ist, müssen sie einen gemeinsamen Ton finden, eine gemeinsame Umgangssprache. Das ist leichter möglich, wenn die Kinder einigermaßen gleich alt sind. Falls ein Kind einen sehr großen Altersunterschied zu den anderen aufweist, muss der nötige Kontakt zu Freunden besonders gesichert und unterstützt werden, damit ein Außenseiterdasein vermieden wird.

Was alle Kinder verbindet, ist die gemeinsame Erfahrung, dass für keinen mehr eine vertraute Gegebenheit da ist. Auch die Geschwisterreihenfolge hat sich verändert. Das älteste Kind ist vielleicht nicht mehr das älteste, ein jüngstes vielleicht nicht mehr das jüngste. Einzelkinder stehen nicht mehr im Zentrum. Ihr Gewohnheitsrecht, allein zu bestimmen, geht verloren, sie müssen sich jetzt gegenüber Geschwistern behaupten. Älteren Kindern werden Sonderaufgaben zugemutet, z. B. auf kleinere Geschwister aufzupassen. Die Jüngsten werden möglicherweise zu Sandwich-Kindern, denen weniger Beachtung zuteil wird als den Ältesten und Allerjüngsten.

Konkurrenz und Rivalität zwischen Geschwistern gibt es auch in Erstfamilien. In Patchwork-Familien ist Konkurrenzverhalten eher als Ausdruck von Verlorenheit und Verlassensein zu verstehen. Wettkampf und Sticheleien untereinander kennzeichnen dann die Stimmung. Es geht um den ersten Platz bei den Eltern oder einem Geschwisterkind, wer bessere Noten mit nach Hause bringt, wer sein Zimmer gemütlicher eingerichtet hat oder sich origineller kleidet.

Konkurrenzverhalten gegenüber den Patchwork-Eltern kann von den außen lebenden Elternteilen ausgelöst oder verstärkt werden, wenn diese ihre Kinder besonders verwöhnen oder spaltende Vergleiche zwischen den Familien und z. B. ihrer finanziellen Lage anstellen. Wechselnde Präsenz in der Familie bringt zusätzliches Durcheinander, besonders an Wochenenden. Mal sind die Kinder des Patchwork-Vaters beim leiblichen Elternteil zu Besuch, mal die Kinder der Patchwork-Mutter.

Auch wenn so eine komplexe Patchwork-Familie vor schier unlösbaren Aufgaben zu stehen scheint, haben wir insgesamt die Erfahrung gemacht, dass die Kinder in diesen Familien mit der Zeit gute Beziehungen zueinander aufbauen und sich auch später, wenn sie ausgezogen sind, fürsorglich weiter unterstützen. Sie sehen sich gegenseitig als Geschwister an und bezeichnen sich auch so.

Stolperstein: Erziehung als Sache der leiblichen Elternteile. „Du hast mir nichts zu verbieten!" hören vermutlich die Patchwork-Eltern von ihren nicht leiblichen Kindern. In diesem Augenblick sind die Erwachsenen den Kindern zu nahe getreten. Da gilt es, Grenzen zu akzeptieren (Juul 2011, 39). Absprachen darüber, wer die Erziehungsverantwortung hat, entschärfen schwierige Disziplinarsituationen. Der leibliche Vater wird sich nicht einfach entziehen wollen oder können. Er könnte aber seine Erzieheraufgabe an die Patchwork-Mutter delegieren. Langer Atem ist gefordert, weil die Kinder ihr altes Erziehungssystem verinnerlicht haben und wissen, auf wessen Anweisungen sie als Erstes zu reagieren haben, nämlich auf die der leiblichen Eltern.

Stolperstein: Konkurrenz der Kinder um die Mutter bzw. Patchwork-Mutter. Meist wird der Partnerin trotzdem allein die Erziehungsrolle anvertraut. Um mit den leiblichen Kindern ihres Partners klarzukommen, könnte sie versucht sein, sie großzügiger und nachsichtiger als ihre eigenen Kinder zu behandeln. Damit schlüpft sie in eine konfliktbeladene Rolle. Ihre leiblichen Kinder werden revoltieren, wenn es keine Klärung gibt. Auf die typische Problematik von Patchwork-Müttern werden wir weiter unten eingehen.

Stolperstein: Konkurrenz der Eltern um die Kinder. Beide Elternteile werden besondere Sympathien für die eigenen Kinder hegen, was einen Konkurrenzkampf um Leistungen, Erfolge und soziale Kompetenz der einzelnen Kinder schüren kann. Da dies eine enorme Belastung für die Partnerschaft hervorrufen würde, bekommt Miteinander-Reden und -Klären die höchste Dringlichkeitsstufe.

Stolperstein: Organisation. Damit die Familie zusammenwächst, müssen alle Termine koordiniert werden. Sie bilden den Rahmen für den Tagesablauf zu Hause. Tägliche Essenszeiten geben Struktur im Alltag. Ein gemeinsamer Terminkalender in der Küche ist nützlich. Besonders schwierig werden Abstimmungen mit den außen lebenden Elternteilen sein. Die Besuchszeiten bei diesen, Geburtstage, Ferien und besondere Veranstaltungen müssen eingeplant werden. In einer Familie waren die Vereinbarungen auffallend kompliziert:

> *Die beiden Töchter des Vaters treffen ihre Mutter jedes zweite Wochenende. Sohn und Tochter der Mutter sehen ihren Vater nur jedes dritte Wochenende, allerdings von Samstagnachmittag bis Montagfrüh. Hinzu kommt, dass die leibliche Mutter der zwei Töchter wünscht, dass diese jeden Mittwochabend bei ihr essen.*

Für nachahmenswert halten wir die Regelungen einer anderen komplexen Patchwork-Familie:

- *Es gibt ein Wochenende für die gesamte Patchwork-Familie.*
- *An einem anderen Wochenende unternehmen alle Kinder etwas mit ihren außen lebenden Elternteilen. Das ist das Wochenende, welches dem Patchwork-Paar alleine gehört.*
- *Ein Wochenendtag ist Exklusivtag für beide Elternteile aus der Patchwork-Familie, jeweils getrennt mit ihren leiblichen Kindern allein.*

Auch die Patchwork-Eltern brauchen eine gute Zeitplanung für sich als Paar, um sich selbst und ihren Kindern gerecht zu werden und nicht nur den Erwartungen anderer zu genügen.

Grundsätze für Familienzeitplaner

- In einen Terminkalender mit breiten Spalten soll jedes Familienmitglied eintragen, wo es wann sein will.
- Legen Sie eine „Familienzeit" fest, dazu gehört z. B. das gemeinsame Abendessen, der Spiele-Abend oder die nächste Familienkonferenz. Diese Termine sollten genauso unumstößlich sein wie ein Besuch von Freunden oder der Geburtstag der Patentante. Die Familie erhält Priorität – das bedeutet, den Zeitraum zu blockieren.
- Gerade in größeren Familien darf die Zeitplanung nicht zu eng gesetzt werden, weil immer wieder Dinge dazwischenkommen können.
- Die Patchwork-Eltern brauchen auch in der Woche inklusive Wochenende Zeit für Gemeinsamkeit – denken Sie an mindestens fünf Stunden.
- Jeder Erwachsene braucht Zeit für sich allein, um eigenen Interessen nachzugehen – ohne sich um Regelungen für die Kinder zu kümmern, ohne etwas zu ordnen oder zu reparieren. Das Gefühl, etwas ganz allein für sich zu machen, bietet einen Ausgleich für all die Kompromisse, die Sie im Zusammenleben eingehen.

Stolperstein: Besuch von zusätzlichen Kindern. Die Komplexität und Unklarheit in den Familiengrenzen wird verstärkt, wenn z. B. ein Vater zusätzlich noch Kinder aus verschiedenen früheren Beziehungen hat und mit ihnen weniger intensiven Kontakt pflegt. Kennzeichnend für eine derartige Elternschaft ist, dass die Vaterfigur für diese nicht in seinem Haushalt aufwachsenden Kinder diffus ist und eine vertrauensvolle Nähe der Kinder zum Vater nur sehr schwankend besteht. Der Vater kann wahrscheinlich diese Kinder kaum in seine Patchwork-Familie integrieren. In unseren Beratungen empfehlen wir einen getrennten Kontakt zu den Kindern aufrechtzuerhalten, der für mehr Nähe zwischen Vater und Kindern sorgen kann. Eine Folge dieser schwankenden Beziehung zum Vater ist oft eine frühe Unabhängigkeit und Selbstständigkeit dieser Kinder.

5.5 Kontakte zwischen Geschwistern verschiedener Herkunft

Kinder könnten sich betrogen fühlen, wenn der leibliche Elternteil eine gute Beziehung zu den neuen Kindern des Patchwork-Vaters entwickelt. Vielleicht wollen die Kinder ihre neuen Geschwister nicht mal zu Freunden haben. Über Möglichkeiten gegenseitiger Konkurrenz haben wir oben am Beispiel des Gastkindes geschrieben.

Doch unsere Erfahrungen mit Geschwisterbeziehungen sind fast durchweg positiv. Durch intensive Begegnungsmöglichkeiten oder Zusammenleben entsteht schnell eine Freundschaft untereinander, die auch meist nach dem Auszug aus der Familie fortgeführt wird. Allerdings muss dieses Zusammenwachsen von beiderseitigen Eltern unterstützt werden. Wenn Patchwork-Eltern bewusst einen guten Kontakt mit den Expartnern pflegen und sich alle möglicherweise beim Elternpakt treffen, ist diese Zusammenkunft ermutigend und Vorbild für die Kinder. Die Kinder entwickeln untereinander ein oft stabileres Familiengefühl als die Erwachsenen. Ihre Grenzen werden erweitert über die verwandtschaftlichen Familiengefüge hinweg.

5.6 Die Patchwork-Mutter wird nicht anerkannt

Patchwork-Vater sein ist schon eine besondere Herausforderung. Übernehmen Frauen diese Rolle als Patchwork-Mutter, wird sie häufig mit der Übernahme von Verantwortung für Erziehung und Haushalt verbunden. Die Patchwork-Mutter übernimmt die früheren Aufgaben der leiblichen Mutter, was zu einem inneren Widerstand der Kinder führen kann. Der Haushalt soll funktionieren, die Hausaufgaben müssen kontrolliert werden, das Essen soll pünktlich auf dem Tisch stehen – Patchwork-Mütter versuchen in ihrer neuen Rolle, ihr Bestes zu geben und persönliche Vorstellungen umzusetzen. Gleichzeitig möchten sie auch eine fürsorgliche Mutter sein, die sich um die Sorgen und Nöte der Kinder kümmert. Dem leiblichen Vater mag es vielleicht egal sein, wie der Haushalt funktioniert, aber die Kinder haben von klein an die Regeln ihrer leiblichen Mutter erlebt. Und obwohl sie die fürsorgliche Anteilnahme der Patchwork-Mutter schätzen, wünschen sie sich innerlich ihre Mutter an die alte Stelle in der Familie zurück. Dieser dadurch entstehende Konflikt ist nur schwer zu verstehen: Die Patchwork-Mutter wird mit der „echten" Mutter verglichen und schneidet schlechter ab, was häufig den Widerstand der Kinder ihr gegenüber auslöst.

Stolperstein: Eingeschränkte Wirkungsmöglichkeiten der Patchwork-Mutter. Die Patchwork-Mutter sollte über ihre besondere Situation Bescheid wissen und die vielen Vorurteile über „Stiefmütter" aus Märchen kennen. Sie wird ihre Nähe zu den Kindern nur sehr langsam und geduldig aufbauen können und ihre Grenze in der Rolle als Freundin der Kinder sehen müssen. Sie sollte dabei vermeiden, Konkurrentin für die leibliche Mutter zu sein. Die Patchwork-Mutter mag sich dadurch zwar in ihren Aufgaben zur Haushälterin abgewertet fühlen, aber sie wird dem Vergleich mit der Rolle der Mutter kaum standhalten können. Vielleicht lassen auch die Kinder sie spüren, dass sie ihr misstrauisch gegenüberstehen und werten sie ab.

> *Von einer 16-Jährigen wurde z.B. kritisiert, dass die Patchwork-Mutter nicht das von ihr eingebrachte Geschirr für die Kinder benutzen sollte. Das Mädchen wollte von ihrem alten Geschirr essen.*

Da muss der Vater dringend gegensteuern: In Einzelgesprächen oder auf Familienkonferenzen sollten Bedürfnisse der Kinder mit denen der Patchwork-Mutter abgeglichen werden. In den Gesprächen wird deutlich werden, was die Kinder als überzogene Aktionen von ihr ansehen, wo diese ihre Grenzen überschreitet, weil sie eine besonders gute Mutter sein möchte. Wünsche der Kinder an sie sollten aufmerksam wahrgenommen werden. Die Erfüllung wichtiger Wünsche kann behutsam eine gegenseitige Wertschätzung aufbauen. Damit erfahren die Kinder, wie die Patchwork-Mutter zu einer verständnisvollen, mütterlichen Freundin wird.

5.7 Großeltern leiden mit

Wenn sich die Eltern trennen, geraten auch die Großeltern in Konflikte. Oft haben sie das Gefühl, zwischen allen Stühlen zu sitzen. Die eigene Tochter verlangt Solidarität, der Schwiegersohn beklagt sich über ihre Tochter. Manche Großeltern drängt es dann, Partei zu ergreifen. Andererseits wollen sie auch das Beste für ihre Enkelkinder. Sie befürchten, dass ihr naher Kontakt zu den Enkelkindern vielleicht unterbunden wird, wenn sie das Vorgehen der Tochter kritisieren.

Mit Start der Patchwork-Familie wird sich alles etwas beruhigt haben. Leider werden inzwischen andere Grenzen gezogen sein, insbesondere wenn der Vater jetzt außerhalb lebt: Haben die Großeltern noch Kontakt zu Kindern und Enkeln? Wenn nein, wie können sie Brücken bauen? Wie können sie in der neuen Patchwork-Familie helfen? Insbesondere die Großeltern des Sohnes, des außen lebenden Vaters, möchten gern zumindest den Kontakt zu den Enkelkindern pflegen können. Ist das möglich, und wer vermittelt das? Wird der neue Patchwork-Vater von den beiderseitigen Großeltern würdigend aufgenommen?

Mit der neuen Patchwork-Familie wird von Eltern eine Befriedung des Familienlebens angestrebt. Beide Großeltern könnten dies mit eigenen Aktionen unterstützen. Auch wenn sie nur eine Außenseiterrolle einnehmen, können sie viel für die Stimmung in der Familie tun. Sie können den Enkelkindern Optimismus vermitteln, sie können ihnen die neuen Chancen in der Patchwork-Familie aufzeigen, kurz gesagt, sie können ihnen resilientes Verhalten (dazu mehr in Kap. 6) vermitteln:

- Sie treffen sich regelmäßig.
- Sie erzählen ihnen aus ihrem Leben.
- Sie würdigen ihre Mutter, ihren Vater und ihren neuen Patchwork-Vater.
- Sie sprechen mit ihnen über ihre Erwartungen und künftigen Ziele.

Solche Kontakte signalisieren den Enkelkindern Familiengefühl und Verlässlichkeit, was sie bei der Trennung ihrer Eltern vermisst haben.

Vielleicht ist ein Großelternpaar noch verärgert über die Trennung. Doch gerade der Kontakt mit den Enkelkindern lässt wieder eine friedliche familiäre Stimmung wachsen. Nicht zuletzt könnten Großeltern auch für einen zunehmenden Kontakt mit den neuen Großeltern, den Eltern des Patchwork-Vaters, sorgen und damit die Familiengrenzen erweitern.

5.8 Gemeinsames Wohnen planen

Wenn die Wohnsituation es erlaubt, wird es sicherlich am besten für die Kinder sein, dass der Patchwork-Vater erst einmal in die Wohnung der Restfamilie mit einzieht. Vielleicht lässt sich noch durch kleinere platzsparende Möbel oder Umbauten freier Raum gewinnen.

> *Eine Mutter nutzte mit der Restfamilie eine Eigentumswohnung im dritten Stock. Vor dem Einzug ihres neuen Partners bauten beide im Dachgeschoss über ihrer Wohnung ein Zimmer für eines der Kinder aus. Mangels Platz mussten Möbel des neuen Partners trotzdem bei Freunden untergestellt werden. Damit blieben Wohnung und Wohnumfeld für die Kinder relativ unverändert. Insbesondere Freunde und Klassenkameraden waren wie bisher erreichbar. Da die Wohnsituation doch sehr beengt war, begann das Paar sich nach anderem Wohnraum umzusehen. Nach vier Jahren konnte sich die Patchwork-Familie endlich im gleichen Stadtteil ein Reihenhaus anmieten. Mit diesem Umzug hatten alle mehr Platz gewonnen, die älter gewordenen Kinder lebten weiterhin in der Nähe ihrer Freunde.*

Ist ein Umzug in eine entfernte Gegend aus beruflichen Gründen notwendig, sollte überlegt werden, wie die Kinder alte Kontakte weiter aufrechterhalten und die Eltern dieses Bedürfnis unterstützen können.

Eine Patchwork-Familie mutete dem 16-jährigen Sohn unvorbereitet einen Umzug in eine andere Stadt zu. Das erste Jahr in der Patchwork-Familie endete damit, dass der Jugendliche schließlich allein in seine Heimatstadt zurückzog und bei einer befreundeten Familie Unterschlupf fand.

Kommen Kinder des Partners als Wochenendbesuch ins Haus, wäre es wünschenswert, ihnen ein kleines Zimmer als Rückzugsmöglichkeit zu überlassen oder zumindest ein eigenes Bett und ein Schränkchen. Bringt aber der Patchwork-Vater sein Kind in die Familie mit ein, wird ein Umzug für das Kind nicht zu vermeiden sein. Für Letzteres bedeutet dies, gerade wenn es schon älter ist, eine einschneidende Veränderung und Umstellung seines Lebens. Ab dem Alter von 12 bis 13 Jahren wird es ein eigenes Zimmer als privaten Raum benötigen, um unabhängiger zu sein und sich mit alten und neuen Freunden ungestört treffen zu können.

» Alternativen zum Umzug

Der Umzug einer Restfamilie bedeutet für die Kinder, je älter sie sind, einen Einschnitt in ihre Lebensweise, ihr Zuhausegefühl verändert sich. Insbesondere ist der Verlust von Freunden gravierend. Die Patchwork-Eltern sollten überlegen, wie dringlich ein Umzug ist oder ob erst einmal eine vorübergehende Lösung für die Eingewöhnungszeit der Familie gefunden werden kann. Wir stellen hier eine noch andere Lösung vor:

Jörn und Marie lernten sich über einen Tanzkurs kennen. Beide haben jeweils zwei Kinder. Sie organisierten gemeinsame Unternehmungen mit den Kindern, die allmählich auch das Zusammensein der beiden Restfamilien genießen konnten. Jörn und Marie bekamen ein gutes Verhältnis zu den Kindern des anderen. Die Erwachsenen beschlossen schließlich, regelmäßig sonntags mit allen Kindern zusammen in der Küche der Mutter zu essen. Manchmal blieben alle länger zusammen, manchmal trennten sich die Kinder, oder Einzelne brachen auf, um sich mit Freunden zu treffen.

Schließlich beschlossen Jörn und Marie, dass sie zusammenbleiben wollten, zumal die Kinder sich als Gleichaltrige glücklicherweise sehr gut miteinander verstanden. Jörn zog aber so lange nicht in die größere Wohnung von Marie, wie seine jüngere Tochter noch bei ihm wohnte und zur Schule ging.

» Wohnen „halb und halb" – Zugehörigkeit zu zwei Familien

Manche getrennten Eltern vereinbaren, dass ihre Kinder die halbe Woche bei der Mutter und die andere Hälfte bei dem Vater wohnen sollen. Aus Sicht der Eltern ist das eine gerechte und ganz praktische Einigung. Für manche Kinder erscheint diese Lösung als glücklich, weil sie beide Elternteile intensiv erleben wollen, möchten aber bei jedem ein eigenes Zimmer haben. Viele Kinder nehmen aber das Hin und Her zwischen zwei Haushalten nicht lange als Vorteil wahr. Der ständige Wechsel ist eher ein permanenter Kulturwechsel, um sich auf die jeweiligen Lebensverhältnisse einzustellen. Wenn es noch besondere Auseinandersetzungen zwischen den Partnern gibt, bleibt den Kindern nichts anderes übrig, als Distanz zu wahren, damit sie trotz ständiger Konflikte zwischen den Erwachsenen zurechtkommen.

Das Halb-und-halb-Wohnen wird in Fachkreisen kritisch betrachtet: Wer möchte schon alle drei Tage seine Tasche packen wie ein Handelsreisender? Wie erfährt das Kind, wo es zu Hause ist, wo es sich fallen lassen kann bei Überanstrengung oder Ärger? Wo wird es träumen wollen? Es ist wie ein Leben, in dem das Kind ständig mit dem Reisekoffer unterwegs ist, wo es nirgends richtig ankommt. Die Verhaltensregeln werden in den Haushalten unterschiedlich sein, in manchen Situationen kämpfen sie möglicherweise gegen „falsche" Regeln an. Viele Patchwork-Eltern erleben dann, wie verstört die Kinder von den Besuchen beim anderen leiblichen Elternteil zurückkommen. Die Folge: Die innere Struktur des Kindes dürfte vage bleiben.

Frank hat ein „Halb-und-halb-Wohnen" drei Jahre lang durchlebt. Zusätzlich musste er im Haushalt seiner Mutter wechselnde Partner erleben. Sein Vater lernte plötzlich eine alleinerziehende Frau kennen, die mit ihrem Sohn zusammenlebte und die er zu lieben begann. Schließlich hat sich sein Vater zum Einzug in eine größere Wohnung zusammen mit seiner neuen Partnerin und deren Sohn entschlossen, er wollte eine Patchwork-Familie gründen. Frank sollte dort auch ein Zimmer bekommen und jeweils für die halbe Woche wohnen. Der 16-Jährige hat es aber vorgezogen, lieber das Angebot für ein Internat in Anspruch zu nehmen. Er entschied sich für den Umzug dorthin, weil er offensichtlich im Wohnheim ein beständiges Zuhause zu finden hoffte.

6 Für eine stärkende Stimmung sorgen

> „Akzeptanz ist wie die fruchtbare Erde, die einem winzigen Saatkorn erlaubt, sich zu der schönen Blume zu entwickeln, zu der es die Anlagen besitzt." (Gordon 2009, 239)

Trotz des Auf und Ab im Zusammenspiel der Patchwork-Familie verbannt eine positive Grundstimmung in der Familie schlechte Laune oder Aggressionen ins Abseits. Sogar Trauer kann in einer angenehmen Atmosphäre Raum haben, und der Traurige wird Trost finden. Besonders Kinder tun sich schwer, sich nach dem Stimmungseinbruch mit seinen traumatischen Phasen wieder in eine aufbauende, das neue Familienleben akzeptierende Rolle einzufinden – zumal eine neue Belastungsprobe durch die Gründung der Patchwork-Familie entsteht. Ein „seelisches Immunsystem" (Gruhl 2010, 13) hilft, eine Anpassungs- oder Widerstandsfähigkeit zu entwickeln, die mit „Resilienz" bezeichnet wird.

6.1 Das Konzept der Resilienz

Das Konzept der Resilienz ist durch verschiedene Untersuchungen über die seelische Widerstandskraft entstanden (Fröhlich-Gildhoff / Rönnau-Böse 2009). Es wurde analysiert, was Kindern hilft, schwierige Lebensbedingungen und Situationen erfolgreich zu bewältigen. „Anstatt Risiken und krankmachende Einflüsse zu bekämpfen, sollen Ressourcen gestärkt werden, um Menschen gegen Risiken widerstandsfähig zu machen." (S. 13) Es geht also um vorsorgende, präventive Maßnahmen, um günstige Entwicklungsbedingungen, die besonders für Kinder zu schaffen bzw. abzusichern sind. Nuber betont die Anpassungsleistung, die von resilienten Menschen erbracht wird:

„Sie sind in der Lage, das eigene Verhalten an die Außenwelt anzupassen, flexibel auf neue Situationen zu reagieren und ihre bestehenden Lebenskonzepte entsprechend zu erweitern." (2011, 23)

Wir haben einen Jugendlichen begleitet, der trotz schwieriger Ausgangsverhältnisse sich mit resilientem Verhalten seinen Weg in ein erfolgreiches Leben bahnen konnte:

Als Robin gerade zwölf Jahre alt war, starb seine Mutter. Der Vater versuchte ihn zu betreuen, was sich wegen der starken beruflichen Inanspruchnahme weitgehend auf eine Versorgung mit dem Nötigsten reduzierte. Negativ wirkte sich die rigide Haltung des Vaters im Umgang mit Problemen seines Sohnes aus, ihr Verhältnis zueinander war belastet.

Nach zwei Jahren erweiterte sich die Restfamilie um eine Patchwork-Mutter und deren Sohn Frank. Auch das konnte das starre Familienleben nur wenig beleben. Der Patchwork-Mutter fiel es schwer, mit Robins Schweigsamkeit und seinem befremdlichen Verhalten umzugehen. Beim Frühstück zupfte er lange und umständlich an seiner Platzdecke herum, bis sie richtig zu liegen schien. Er aß morgens nur Knäckebrot mit Nougat und verweigerte alle anderen Angebote. Nach dem Essen mussten Teller und Tasse in derselben Ordnung bis zum Mittagessen stehenbleiben. Allerdings fand Robin zu seinem etwas jüngeren Bruder, dem Sohn der Patchwork-Mutter, guten Kontakt, insbesondere auf Basis des gemeinsamen Umgangs mit dem Computer. Als sein jüngerer Bruder auf ein Internat wechselte, verfolgte er innerlich das Ziel, diese Patchwork-Familie so schnell wie möglich zu verlassen. Er strengte sich plötzlich extrem an, aus seiner Rolle als desorientierter und unwilliger Schüler herauszuschlüpfen, um einen guten Realschulabschluss zu machen. Robin wollte seinen Traum verwirklichen, eine Lehrstelle als Elektriker zu erhalten. Es gelang ihm.

Mit Beginn seiner Lehre lebte er weiter auf, wechselte in eine Wohngemeinschaft, machte eine sehr gute Prüfung und absolvierte fünf Jahre später erfolgreich seine Meisterprüfung. Offensichtlich hatte Robin mit dem Wunschberuf ein Ziel für sein Leben gefunden. Der schweigsame und zurückgezogene junge Mann konnte plötzlich engagiert von seiner neuen Arbeit erzählen. Er war mit Energie dabei, seinem Leben neuen Auftrieb zu geben, was auch die Stimmung in der Familie verbesserte. Robin hatte in seinem Schülerleben plötzlich begriffen, dass er für sich selber sorgen müsste. Sein von ihm konsequent verfolgtes Ziel ließ seinen Widerstand in der Familie versiegen.

Wissenschaftler (Fröhlich-Gildhoff / Rönnau-Böse 2009, 21) stellten fest, dass Jugendliche aus schwierigen sozialen Verhältnissen eine positive Persönlichkeitsentwicklung durchmachen, wenn sie bestimmte Schutzfaktoren im Laufe ihres Lebens erworben haben. Diese Schutzfaktoren basieren auf folgenden Grundhaltungen (nach Gruhl 2010, 23 f):

A. Akzeptanz der Lebensumstände,
B. optimistische Lebenseinstellung,
C. lösungsorientierte Haltung,
D. soziale Bindungsfähigkeit.

Diese Grundhaltungen hängen wie ein inneres System miteinander zusammen. Das wird deutlich, wenn wir uns am Beispiel einer Verringerung der Akzeptanz die Folgen vorstellen: Wenn Akzeptanz fehlt, wird auch der Optimismus abnehmen. Und weiter: Wenn dann die Kraft für die Suche nach optimalen Lösungen schwindet, können gleichzeitig auch soziale Bindungen durch wiederholtes Klagen über immer gleiche belastende Situationen abnehmen. Ewiges Klagen ohne konkrete Perspektive wirkt unangenehm und lässt Kontakte verkümmern.

Zu Grundhaltungen der Resilienz ermutigen

Folgende ermutigende Sätze passen zu den Grundhaltungen, die Kinder, aber auch Erwachsene, verinnerlichen können:

Zu A. Das wird schon werden!

Zu B. Ich werde Glück haben.
Zu C. Ich kann auch andere passende Lösungen finden!
Zu D. Meine Mutter (oder eine andere Person) wird mir zur Seite stehen.

Wenn sich Familienmitglieder diese Zielsätze zu eigen machen, wird die daraus folgende positive Grundstimmung Energien freisetzen und Kreativität hervorbringen.

Eingeschränkte Grundhaltungen zeigen sich in Nörgelei und beständig wiederholten Forderungen:

- Ein Kind beklagt sich täglich, weil es den Eindruck hat, dass das zehn Jahre jüngere gemeinsame Kind der Patchwork-Eltern ihm vorgezogen wird.
- „Unser neuer Patchwork-Vater meint, er könne hier alles bestimmen", meckert der Sohn.
- „Unser Vater hat nach der Trennung versprochen, dass wir uns jede Woche einmal sehen! Und jetzt sollen wir ihn nur noch anrufen!" monieren die Kinder.
- „Ich möchte hier im Haushalt auch etwas zu sagen haben!" fordert der Patchwork-Vater.
- „Dein Kind hat das wesentlich bessere Zimmer bekommen", beschwert sich der Patchwork-Vater bei seiner Partnerin.
- „Wenn das hier so weitergeht, hab ich die Nase voll von Patchwork-Familie", nörgelt die Mutter.

Diese negativen Beispiele zeigen, dass es Situationen gibt, in denen der einzelne sich nicht im Sinne dieser Grundhaltungen verhält. Dafür kann es vielfältige Ursachen geben, zum Beispiel fehlende Anerkennung der eigenen Rolle, keine Offenheit in der Kommunikation bis hin zu einer schwierigen Streitkultur.
Wie lässt sich zum Beispiel der Vorwurf des Patchwork-Vaters einordnen: „Dein Kind hat das wesentlich bessere Zimmer bekommen!" Sicher vermutet der Patchwork-Vater, dass sein Kind zu kurz kommt, dass seine Partnerin sein Kind vernachlässigt oder sie selbst überfordert ist oder dass sich gegenüber den

Kindern der Partnerin Misstrauen und Konkurrenz aufgebaut haben. Wie weit kann das betroffene Kind des Patchwork-Vaters selbst diese Situation akzeptieren? Wie kann dem Kind ein zufriedenstellender Ausgleich geboten werden? Welche Lösungen gibt es? Welche wird von wem vorgezogen? Können sich am Schluss Vater und Kind entlastet zurücklehnen? Dann wäre eine Voraussetzung geschaffen, dass der Vater statt von „deinem" Kind auch von „unseren" Kindern sprechen kann.

Die positiven Grundhaltungen Akzeptanz, Optimismus, Lösungsorientierung und Bindungsfähigkeit bewähren sich in realen Lebenssituationen. Optimistische Anregungen sollen Mut machen und sich auf aktuell durchsetzbare Verhaltensweisen oder Maßnahmen beziehen. „Als sportliches Kind wirst du Surfen sehr schnell erlernen." Ein Bedenkenträger kann animiert werden, die Welt optimistischer zu betrachten: „Das wirst du schon schaffen!", ein Idealist an die Grenzen von Realisierungsmöglichkeiten und Durchsetzbarkeit erinnert werden: „Übernimm dich nicht, plane mehr Tage ein."

Wissenschaftler(Nuber, 2011, 25f) betonen, dass resiliente Menschen an ihre „Selbstwirksamkeit" bzw. – anders ausgedrückt – an die „Beherrschbarkeit" der zu lösenden Probleme glauben: „Es werden sich Wege finden!" Natürlich stehen dahinter Erwartungen. Wenn diese zu genau konkretisiert werden und Festlegungen ähneln, können sie einengend wirken und dadurch unerfüllbar werden – genauso wie zu hohe, unrealistische Erwartungen.

Damit Kinder positive Grundhaltungen erwerben, bedarf es in der Patchwork-Familie neben Vorbildern der Erwachsenen auch fördernder Kontakte in Schule oder Freundeskreis sowie bei sportlichen Aktivitäten, die oft ein gutes Spielfeld für das Trainieren der seelischen Widerstandskraft bieten. Wir weisen weiter unten auf Übungen hin, die resilientes Verhalten verstärken können. Vorweg wollen wir auf die einzelnen Grundhaltungen genauer eingehen.

6.2 Uns selbst und unsere Umwelt akzeptieren

Sicherlich denken wir zuerst an die Akzeptanz der neuen Familiensituation. Oder wir erinnern uns an die unwürdigen Geschehnisse bei Trennung und Scheidung. Das ist Vergangenheit;

es ist geschehen und bleibt geschehen. Das müssen wir lernen zu begreifen und zu akzeptieren.

Akzeptanz gehört auch in alltäglichen Dingen zum Leben, meist betrifft es Veränderungen von Strukturen. Im Alltag geht es um Entscheidungen, die sowohl positive wie negative Aspekte umfassen. Wir entscheiden uns, wenn die positiven Aspekte überwiegen. Gleichzeitig akzeptieren wir damit auch, dass es negative Gesichtspunkte gibt.

Mieten wir z.B. eine Wohnung, so wägen wir das Für und Wider ab und müssen später auch mit den negativen Seiten der Entscheidung leben, z.B. den Straßenlärm aushalten oder in der kleinen Küche zurechtkommen.

Das Entscheiden selbst ist ein aktiver Prozess: Dafür trägt jeder seine Verantwortung. Das Zusammenleben ist eine Entscheidung, die lebenslang gültig sein soll, bei der jeder die besonderen und manchmal befremdlichen Eigenarten der anderen akzeptieren lernen muss.

Kinder denken gern in ihren erlernten Strukturen, sie geben ihnen Halt. Dagegen steht Abwägen von Neuem, auch das will gelernt sein. Informieren, Abwägen, Entscheiden, Akzeptieren und Handeln sind Teil des Selbstmanagements, das Kinder sich im Laufe ihres Lebens erarbeiten. Die leiblichen Eltern sind von ihnen aufgrund der frühkindlichen Bindung unbewusst akzeptiert, auch dann, wenn sie unangenehme Eigenschaften bei den Erwachsenen wahrnehmen. Der Patchwork-Vater wird nur schrittweise akzeptiert werden, weil er unbekannte Seiten hat, die erst erfahren werden müssen, weil er kein Abbild des leiblichen Vaters ist. Die Akzeptanz der Kinder wird selten spontan erfolgen, eher in Schüben geschehen. Sie verlangt Geduld auf beiden Seiten. Durch gemeinsames Handeln kann dieser Prozess beschleunigt werden.

Grundvoraussetzung für ein zufriedenstellendes Leben ist, sich selbst zu akzeptieren. Wir fragen uns, wie wir uns als Persönlichkeit positionieren. Was sind unsere Ziele, wo unsere Grenzen? Eine innere Disziplin muss uns gleichzeitig kontrollieren und antreiben. Beobachten Sie sich, ob Sie sich selbst gegenüber ehrlich sein können, ob Sie Ihren Ansprüchen genügen. Manche akzeptierten Ansprüche sollten einer inneren Kontrolle unterliegen, um niemanden zu verletzen. Sie kennen aus Kapitel 2 den Menschentyp „Bestimmer". Er wird diese Kontrolle am wenigsten ausgeprägt haben, da er leicht in rechthaberisches und starres Verhalten verfällt.

Natürlich wollen wir alle vermittelnd, teamorientiert, flexibel und verständnisvoll sein. Fragen Sie Ihren Partner, ob Sie sich gegenseitig im akuten Fall darauf aufmerksam machen dürfen, wenn rigide Verhaltensweisen zum Vorschein kommen.

> Denkblockaden schränken unsere Akzeptanz ein: Voreingenommene Einschätzungen verhindern, dass wir Neues entdecken. Wir verzichten damit auf Überlegungen, Dinge anders ausprobieren zu wollen und Alternativen ins Auge zu fassen. So ein Verzicht hat Konsequenzen für eine weiter hinten beschriebene lösungsorientierte Grundhaltung. In folgenden Beispielen setzen wir Vorurteile neben Akzeptanz mit optimistischen Sichtweisen:
>
> - *„Das werde ich nie schaffen!" Stattdessen: „Es wird schwierig werden; doch ich werde es diesmal schaffen, ich mache kleine Schritte. Ich habe schon vieles geschafft."*
> - *„Das haben wir schon immer so gemacht." Stattdessen: „Jetzt probiere ich es einmal anders aus. Es wird klappen."*

Aber wie verhalten wir uns, wenn bestimmte Ereignisse von uns nicht akzeptiert werden, obwohl sie nicht zu ändern sind? So geht es ja den Patchwork-Kindern. Abgesehen von der Trauer und dem Abschied von einem geliebten Elternteil sowie der alten Lebenssituation bleibt den Betroffenen nur, sich auf andere Lebensfelder zu konzentrieren und dort neue Freuden zu kreieren. Das bleibt entmutigend, wenn nicht konkrete Ziele entwickelt werden. So kann die Bildung der Patchwork-Familie eine neue Perspektive bedeuten, die – äußerlich gesehen – auch von der Person des Patchwork-Vaters getragen wird.

Beispiel: Da der Patchwork-Vater ein begeisterter Camper ist, steckt seine Vorfreude die ganze Familie an, und alle fahren im Sommer zum Campen ans Meer. Das bietet Bewegungsfreiheit, weckt Tatendrang und Neugier der Kinder und ist eine aufregende Perspektive.

Um die Entwicklung von Akzeptanz zu üben, empfehlen wir folgende Übungen.

Stets die positive Seite sehen: Reframing

Reframings sind Interventionsmuster, die für ein problematisches Verhalten oder ein unberechenbares Ereignis einen neuen Rahmen abstecken. Reframings werden auch Problemlösungsmodelle genannt, weil sie Menschen dazu befähigen, andere Zusammenhänge oder Interpretationen für Ereignisse oder Verhalten zu finden. Wenn Sie ein Ereignis nicht akzeptieren können, bemühen Sie sich, die positive Seite des Ereignisses zu prüfen?

Beispiel: Die Mutter erregt sich über die vom pubertierenden Sohn überall verteilten Kleidungsstücke und Schulsachen. Der Patchwork-Vater kommentiert: „Sei doch froh, dass er noch bei uns wohnt."

Üben Sie Reframing auch mit Ihren Kindern:

Das Fahrrad hat einen Platten. Positiv: „Jetzt kann ich beim Flicken endlich die abgefahrene Reifendecke wechseln."

„In den Schuhen eines anderen gehen!"

Versetzen Sie sich innerlich in eine andere Person, mit der Sie sich zurzeit weniger verstehen:

a) Inwieweit sind die Lebensverhältnisse dieser Person gleich oder anders wie Ihre?
b) Welche besonderen Probleme hat diese Person?
c) Welche positive Absicht steht hinter ihrem Verhalten?
d) Was denkt diese Person über Sie?
e) Wie könnten Sie dieser Person wieder näherkommen?

6.3 Eine optimistische Lebenseinstellung bewahren

Die Entscheidung, als Patchwork-Familie zu leben, signalisiert eine optimistische Lebenseinstellung. Pessimisten dagegen würden befürchten, dass die Partner zu große Risiken eingehen. Durch diese negativ gefärbte Sicht fließt Energie in Richtung Zweifeln, Grübeln, Sich-Sorgen und Vermeiden. Optimisten freuen sich auf eine neue Lebensperspektive. Nach den Rückschlägen durch Trennung und Scheidung machen sie eine weitgehende Kehrtwende. Bei der Ausgestaltung dieser Kehrtwende können sich alle Beteiligten auf ihre Stärken besinnen. Insbesondere die Patchwork-Eltern sollten sich erinnern,

- wie sie aus dem „Loch" ihrer Verzweiflung bei der Trennung wieder herausgekommen sind,
- welchen Mut und welche Energie sie aufgebracht haben, sich durchzubeißen gegen Selbstzweifel und Niedergeschlagenheit,
- welches Durchhaltevermögen sie beflügelt hat, in eine neue Normalität zurückzufinden.

Dazu denkt sich die Mutter vielleicht: „Ich bin eine mutige, starke und optimistische Frau!" In diesem Satz sind die Ressourcen Mut, Stärke und Optimismus enthalten. Erfinden Sie einen eigenen, der Ihren Fähigkeiten entspricht. Kleben Sie ihn auf den Spiegel über Ihr Waschbecken im Bad. Er wird Sie in Situationen unterstützen, wo Sie wieder kämpfen müssen, wo Sie Zweifel an dem Erfolg Ihres neuen Lebensabschnitts haben. Erinnern Sie sich notfalls an frühere Erfolge und welche Ihrer Ressourcen Ihnen in diesen Situationen zur Verfügung standen. Die Quelle für Ihren Optimismus sind die früheren positiven Erlebnisse. Sie geben Stärke. Nehmen Sie dabei Ihren inneren Dialog bewusst wahr. Wird er negativ, sollten Sie frühzeitig stoppen und sich aufmuntern. Menschen, die vom Leben enttäuscht sind oder die ständig alles in Bedenken und Nachteile sezieren, werden allerdings eher keine Vorteile in den motivierenden Gedanken erkennen.

Ziel der Maßnahmen ist, die optimistischen Gedanken durch Verstärkung zu inneren positiven Boten zu machen. Das schützt vor dunklen Geistern aus der Trennung. Einen Vollzeit-Optimisten wird es kaum geben. Das ist auch gut so, damit Optimisten nicht abheben, wie es von Ideologen bekannt ist, die leicht die Realität aus den Augen verlieren.

Auch ein Freundeskreis ist unterstützend, der ebenso wie Sie selbst ein positives Weltbild pflegt. Das Gemeinschaftsgefühl wirkt in schwierigeren Zeiten aufbauend. Die Anregungen dieser Freunde werden hilfreich sein.

Eine optimistische Sichtweise wird durch die Entwicklung von Zielen für das Familienleben entscheidend gestützt. Gerade die Kinder überwinden dadurch leichter ihr inneres Verharren in der Vergangenheit der alten Kernfamilie. Eine Perspektive ergibt sich, wenn die Zukunft der Familie durch konkrete Projekte für sie greifbar wird, z. B. durch besondere Urlaubsplanungen, die mit beliebten Aktivitäten der Kinder bereichert werden. Optimismus kann mit einer guten Portion Humor verbunden sein: Es ist erfrischend, wenn die Kinder von der Klagemauer der schulischen Probleme (insbesondere des Wettbewerbs um Zensuren) wegkommen und sich lustig machen können über einen Witz des Vaters. Oder bei Streit über die nicht herausgestellte Mülltonne: Schuld haben die dunklen Wolken am Himmel oder der „schläfrige Butler". Humorvolle Ironie kann bei älteren Jugendlichen angebracht sein, wenn angemerkt wird: „Ihr hattet einen Ferientag, deswegen könnt Ihr ja nicht auch noch für die Mülltonne verantwortlich sein." Folgende Übungen können eine optimistische Haltung noch verstärken.

Wertschätzung üben

- Ich bedanke mich und bekomme eine positive Bemerkung zurück.
- Ich lobe jemanden für eine Handreichung. Mir wird gedankt.
- Ich empfange Lob. Ich freue mich darüber und bedanke mich.
- Ich lobe mich selbst vor anderen, was ich Besonderes geleistet habe. Sie bestätigen mein Eigenlob.
- Ich lobe mich selbst im Stillen – und fühle mich dadurch gestärkt (Bethke-Brenken/Brenken 2010, 69).

Erinnern an positive Tagesereignisse
Zählen Sie sich selbst oder Ihrem Partner jeden Abend zwei positive Ereignisse oder Erlebnisse des vergangenen Tages auf, die Sie durch Ihr Handeln bewirkt haben oder die einfach passiert sind. Sie erzeugen damit eine frohe Stimmung, langweilige oder unangenehme Tagesereignisse treten in den Hintergrund. Zusätzlich erreichen Sie vor dem Schlafengehen eine beruhigende Stimmung für Ihre Träume.

Die persönliche Stimmung beobachten
Sie können vorgenannte Übung um die Einschätzung Ihrer Stimmung – ausgedrückt mit Skalierungen – erweitern. Nehmen Sie dazu ein DIN-A4-Blatt in Querformat nebst Bleistift. Links schreiben Sie senkrecht eine Skala von 1 bis 10 auf, waagerecht die einzelnen Tage des Monats. Jetzt schätzen Sie abends Ihre Stimmung ein und tragen den Wert (1 = schlecht bis 10 = bestens) auf dem Blatt ein.

Halten Sie die Stimmung auf einem akzeptablen Niveau, ist alles in Ordnung. Sinkt der Skalenwert längerfristig, sollten Sie überlegen, was zur Steigerung Ihrer Stimmung beitragen könnte: vielleicht mehr Ruhe, vielleicht eine Aktion mit nur einem Kind, vielleicht ein Abend als Paar zu zweit oder eine dringliche Aussprache über ein Problem, das nicht aus Ihrem Kopf will. In durchgehend guten Zeiten kann natürlich auf diese Skalierung verzichtet werden.

6.4 Lösungen für eine verbesserte Lebensweise finden

Wann verändern Sie Ihre Lebensweise? Nur dann, wenn Sie Probleme haben? Oder auch dann, wenn Sie eine gute Idee haben? Sie erkennen: Der zweite Schritt ist der angenehmere, weil er keinem Druck folgt. Trotzdem gehen wir meistens den ersten Schritt. Damit steht zuerst ein Problem im Vordergrund, bevor wir handeln. Resiliente Menschen ziehen den zweiten Schritt vor. Für sie steht eine „nützliche" Lösung (de Jong 1998 / Berg, 36) im Vordergrund, tief greifende Problemanalysen sind weniger gefragt.

Diese Herangehensweise liegt der lösungsorientierten Kurzzeittherapie (s. Kap. 3.4) zugrunde: Die Person „konstruiert ihre eigene Lösung, die auf ihren individuellen Ressourcen und Erfolgen basiert" (de Jong/Berg 1998, 21). Das Problem selbst ist vielleicht Stichwortgeber – es sollte jedenfalls nicht allein die Lösung bestimmen, sondern den Rahmen abstecken, in dem nach Lösungen gesucht wird.

Zunächst setzt resilientes Verhalten auf persönliche Ziele. Jeder ist sein eigener Experte, um sein Leben zu gestalten, und zwar in Verbindung mit allen anderen oben genannten Grundhaltungen. Besteht Klarheit über Absichten und Wünsche, können Lösungsansätze gesucht werden, und zwar nicht nur ein einziger Ansatz, sondern eine Vielzahl von nützlichen Alternativen. Dies erfordert kreatives Denken. Dabei hilft die Suche nach Vorbildern oder Situationen, in denen schon Ähnliches bewältigt wurde, damit nicht alles erneut erfunden werden muss. Vorsicht ist bei folgenden Gedankengängen geboten:

- „Das haben wir schon immer so gemacht!" führt zu Blockaden.
- „Das geht nur, wenn alles so bleibt oder aussieht wie früher", führt zu eindimensionalen Denkweisen.
- „Das lohnt den Aufwand nicht!" führt zu Stillstand.

In den Prozess der Lösungsfindung im Rahmen der Familie sollten möglichst alle eingebunden werden. Dies gilt auch, wenn es anstrengend wird bei einer sehr strittigen Angelegenheit. Notfalls muss ein Erwachsener ein Machtwort sprechen.

Eine lösungsorientierte Haltung wird sich auch in der Kommunikation der Familienmitglieder ausdrücken. So wird dort eine gute Stimmung zwischen Eltern und Jugendlichem nicht umschlagen durch kontrollierende Fragen, Anweisungen und Anforderungen, die besonders der Jugendliche oder auch der Partner als Einmischung, als unangemessenen Befehl oder Erinnerung an eigene Unzulänglichkeit empfindet. Besonders bei schulischen Problemen, die auf die Familienatmosphäre drücken, ist die Empfindlichkeit von Kindern und Jugendlichen groß. Sie schützen sich, indem sie barsch die Einmischungsversuche der Erwachsenen abwehren, Gespräche verweigern und „mehr desselben" weiterführen.

Yes-Set

Wenn Kinder oder Partner sich beschweren „Schon wieder soll ich Staub saugen", lässt sich eine entspannte Atmosphäre schaffen, wenn das Gefühl gespiegelt wird: „Dazu hast du keine Lust." Innerlich sagt das Kind „Ja" und spürt, der Erwachsene versteht es. Die Anforderung bleibt, und die Mutter kann fortfahren: „Manchmal muss man blöde Sachen machen." Die Energie des Kindes ist zumindest nicht tiefer gerutscht.

Der Jugendliche: „Ich habe keine Lust Französisch zu machen." Der Erwachsene: „Du willst lieber etwas anderes tun." Wieder ist die innere Antwort: „Ja, ich werde verstanden." Die Atmosphäre entspannt sich etwas. „Trotzdem musst du ran" – die Aufforderung stößt auf positivere Resonanz.

Vorwürfe in Wünsche verwandeln

In manchen Situationen werden in der Familie Vorwürfe laut, wenn etwas nicht klappt, ein Dienst versäumt wurde, jemand unpünktlich war, das Mittagessen nicht fertig ist. Besonders vonseiten der Eltern. Ihre Vorwürfe belasten die Stimmung. Die Mutter denkt vielleicht: „Es gibt doch objektiv genügend Grund, mich zu beschweren. Irgendwie muss der Frust ja raus. Was bleibt mir anderes übrig, als zu meckern?" Wenn die Erwachsenen statt mit einem Hagel von Vorwürfen sich mit Wünschen an Kinder oder Partner wenden, wird ihr Anliegen auf eine andere, eine sachliche Ebene gelenkt. Beispiel:

> *Statt: „Schon wieder hast du den Abwasch nicht gemacht" besser: „Ich wünsche mir eine saubere Küche, dann ist es für mich gemütlicher."*
>
> *Statt: „Schon wieder bist du viel zu spät nachts nach Hause gekommen" besser: „Ich wünsche mir, dass du pünktlich kommst oder wenigstens anrufst, damit ich mir keine Sorgen mache."*

Wenn Vorwürfe in Wünsche verwandelt werden, wird Einhalt geboten, und ein Teil der Aggression und Spannung kann in Energie zur Veränderung der zukünftigen Situation umgewandelt werden.

6.5 Soziale Bindungen pflegen

Mit dem Begriff „Familie" verbinden wir soziale Beziehungen zwischen den Familienmitgliedern. Sie sind vor allem dadurch gekennzeichnet, dass Eltern in der Regel gegenüber aufwachsenden Kindern unterstützend, vertrauensvoll und verlässlich sind. Das ist zunächst ihre einseitige Vorleistung, die bei Teenagern später oft in der Forderung nach einer gleichberechtigten Beziehung mündet.

Die vertrauensvolle Eltern-Kind-Beziehung wird durch Trennung und Scheidung beschädigt. Kinder fragen sich: „Kann ich mich noch auf meine Eltern verlassen?" Resiliente Kinder können diese Zweifel besser durchstehen. Viele positive Erfahrungen, Ziele, die sie erreichen konnten, liebevolle Kontakte und emotionale Nähe zu Großeltern oder anderen Verwandten förderten ihre seelische Widerstandskraft. Auch Mütter oder Väter von Freunden, Lehrer oder Nachbarn können Stabilität geben. Resiliente Kinder reagieren bei Trennungsabsichten der leiblichen Eltern manchmal mit Vorschlägen wie: „Dann ziehen wir eben zur Oma!" Oder sie vertrauen darauf, wenn die leiblichen Eltern versichern, sie seien weiterhin für sie da, sie wollen auch trotz Trennung verlässliche Elternteile bleiben und die Kinder hätten nichts mit dem Streit der Eltern zu tun.

Mit Gründung der Patchwork-Familie wird die Resilienz der Kinder, ihre seelische Widerstandskraft, auf den Prüfstand gestellt. In optimistischen Patchwork-Familien wird irgendwann der Patchwork-Vater als wichtige Vertrauensperson und Mentor angesehen werden. Erhebungen des Familien-Survey 2002 (Bien et al. 2002, 217 f) weisen nach: Der Patchwork-Vater wird meist häufiger als der außen lebende Vater zu persönlichen Anliegen der Kinder befragt.

Soziale Kompetenzen bilden

Durch gute Beziehungen in der Familie oder zu Vertrauenspersonen bilden sich soziale Kompetenzen aus. Übungsfelder bieten sich im Alltag genug:

- Ein regelmäßiger Besuch bei den Großeltern, verbunden mit kleinen Handreichungen.
- Spiele in Mannschaften, in denen Kameradschaft herrscht und der Trainer ein gutes Vorbild ist.
- Initiativen für gemeinsame Unternehmungen mit Freunden.

Umgekehrt wächst die soziale Kompetenz nicht oder verkümmert sogar, wenn Kinder ihre Zeit überwiegend am Computer oder vor dem Fernseher verbringen.

7 Mut zur Patchwork-Familie

Aus Befragungen von 35 Patchwork-Familien, die wir begleitet haben oder die wir gut kennen, ging hervor, welche Empfehlungen sie „neuen" Patchwork-Eltern mitgeben möchten. Hier eine Auswahl:

Von Patchwork-Eltern für Patchwork-Eltern

- Jede Patchwork-Familie sollte sich Ziele setzen für gemeinschaftliches Handeln und Erleben.
- Das Patchwork-Paar braucht langen Atem für den Aufbau seiner Familie.
- Die Patchwork-Familie lebt von Verlässlichkeit und Würdigung.
- Eine gute Organisation des Alltags gibt den Kindern eine stabile Struktur.
- Ein sachliches oder freundschaftliches Verhältnis zum Expartner und Vater der Kinder erleichtert es den Kindern, entspannt mit den leiblichen und sozialen Eltern umzugehen.
- Für gute Stimmung und verständnisvolle Kommunikation sorgen in erster Linie die Eltern.
- Der Patchwork-Vater sollte sich mit Erziehungsaufgaben zurückhalten und diese zumindest in der Anfangszeit der Mutter überlassen.
- Die Patchwork-Eltern müssen sich einen Freiraum bewahren für ihr Zusammensein als Paar.
- Jeder Erwachsene sollte sich eine private Auszeit nehmen, um sich von der Anpassungsleistung in der Familie zu erholen.
- Beide Patchwork-Elternteile sollten sich auch einzeln mit den Kindern verabreden, um die Zweierbeziehung zu stärken.

- Bei erhöhten und unlösbar scheinenden Konfliktsituationen empfehlen wir die Inanspruchnahme professioneller Beratung.

Was können die Kinder aus Patchwork-Familien durch die neue Familienstruktur gewinnen?

- Sie erfahren Verlässlichkeit und Beständigkeit.
- Sie haben ein inneres Vorbild für eine tragfähige Partnerschaft bekommen.
- Sie mussten Flexibilität entwickeln, damit sie sich in unterschiedlichen sozialen Situationen zurechtfinden.
- Manche zeigen diplomatisches Geschick.
- Ihr Selbstwertgefühl ist durch die Bewältigung der Krise gestärkt.
- Und nicht zuletzt ist ihre Fähigkeit zur sozialen Integration gewachsen.

Nach den schmerzhaften Erfahrungen durch Trennung und Scheidung sind das erstaunliche Chancen, die Mut machen, das Abenteuer Patchwork-Familie einzugehen. Diese Familienform dient damit nicht allein der Krisenbewältigung, sie bestärkt die Kinder, ihre neue Lebenssituation anzunehmen. Sie verschafft ihnen Selbstvertrauen, ihr Leben positiv zu gestalten. Damit dient sie dem Wohl des Kindes. Darauf können die Patchwork-Eltern und außen lebende Elternteile stolz sein.

Literatur

Baake, D. (2003): Die 13- bis 18-Jährigen. 8. Aufl. Beltz, Weinheim
Beal, E., Hochman, G. (1992): Wenn Scheidungskinder erwachsen sind. Fischer, Frankfurt
Berg, I. (1992): Familien-Zusammenhalt(en). Verlag modernes Leben, Dortmund
Bethke-Brenken, I., Brenken, G. (2010): Aufbruch in den Ruhestand. Ernst Reinhardt, München/Basel
Bien, W., Hartl, A., Teubner, M. (Hrsg.) (2002): Stieffamilien in Deutschland. Leske + Budrich, Opladen
Bliersbach, G. (2007): Leben in Patchwork-Familien. Psycho-sozial Verlag, Gießen
Bundesministerium für Familie, Senioren, Frauen und Jugend, Verein „Mehr Zeit für Kinder" (Hrsg.) (2001): Mein Papa und ich. Der Vater-Kind-Ratgeber
Dietrich, B. (2005): Eltern im Doppelpack. Smaragd, Woldert
Döring, D. (2009): Glückliche Patchwork-Kinder. Kreuz, Stuttgart
Fend, H. (2003): Entwicklungspsychologie des Jugendalters. 3. Aufl. VS-Verlag, Wiesbaden
Fröhlich-Gildhoff, K., Rönnau-Böse, M. (2009): Resilienz. Ernst Reinhardt, München/Basel
Glaschke, S. (2005): Unsere Patchwork-Familie. Urania, Stuttgart
Gordon, T. (1981): Famlienkonferenz in der Praxis. Rowohlt, Reinbek – (2009): Die neue Familienkonferenz. 22. Aufl. Wilhelm Heyne, München
Gruhl, M. (2010): Die Strategie der Stehaufmenschen. Kreuz, Freiburg
Hetherington, E. M., Kelly, J. (2003): Scheidung. Die Perspektive der Kinder. Beltz, Weinheim
Jellouschek, H. (2000): Wie Partnerschaft gelingt – Spielregeln der Liebe. Herder, Freiburg
Jong, P. de, Berg, I. (1998): Lösungen (er-)finden. Modernes Leben, Dortmund
Juul, J. (2011). Aus Stiefeltern werden Bonuseltern. Kösel, München
Kasten, H. (2003): Geschwister. Ernst Reinhardt, München/Basel

Kraft, P. (1998): NLP-Handbuch für Anwender. Junfermann, Paderborn

Krähenbühl, V., Jellouschek, H., Kohaus-Jellouschek, M. (2007): Stieffamilien. Lambertus, Freiburg

Langmaack, B., Braune-Krickau, M. (1995): Wie die Gruppe laufen lernt: Anregungen zum Planen und Leiten von Gruppen. 5. Aufl. Beltz Psychologie Verlags Union, Weinheim

Lenz, G., Osterhold, G., Ellebracht, H. (1997): Erstarrte Beziehungen – heilendes Chaos. 3. Aufl. Herder, Freiburg im Breisgau

Link, B. (2008): Moderne Familienformen. Humboldt, Hannover

Moeller, M. (1999): Die Wahrheit beginnt zu Zweit. Rowohlt, Reinbek

Nuber, U. (2011): Leben mit einer dicken Haut. Psychologie Heute, 6, S. 20

Ochs, M., Orban, R. (2008): Familie geht auch anders. Carl Auer, Heidelberg

Oerter, R., Montada, L. (1982): Entwicklungspsychologie. Urban, München

Prior, M. (2010): Minimax für Lehrer. 2. Aufl. Beltz, Weinheim/Basel

Riemann, F. (2011): Grundformen der Angst. 40. Aufl. Ernst Reinhardt, München/Basel

Satir, V. (1987): Selbstwert und Kommunikation. 7. Aufl. J. Pfeiffer, München

–, Baldwin, M. (1988): Familientherapie in Aktion. Junfermann, Paderborn

Schlippe, A. von (1986): Familientherapie im Überblick. Junfermann, Paderborn

Schulz von Thun, F. (1988): Miteinander reden: Störungen und Klärungen. Rowohlt, Reinbek

Schurian, W. (1989): Psychologie des Jugendalters. Westdeutscher Verlag, Opladen

Schwiderski, F. (2009): Beziehungsweise glücklich. Ernst Reinhardt, München/Basel

Shazer, S. de (1995): Der Dreh. 5. Aufl. Auer, Heidelberg

Stanford, G. (1980): Gruppenentwicklung im Klassenraum und anderswo. Westermann, Braunschweig

Unverzagt, G. (2002): Patchwork. Deutscher Taschenbuch Verlag, München

Thomann, C. (1998): Klärungshilfe. Rowohlt, Reinbek

VaMV (2010): Wegweiser für den Umgang nach Trennung und Scheidung. Berlin

Visher, E., Visher, J. (1987): Stiefeltern, Stiefkinder und ihre Familien. Psychologie Verlags Union, München

Wallenstein, J., Blakeslee, S. (1989): Gewinner und Verlierer. Droemersche Verlagsanstalt, München

Watzlawick, P. (1996): Anleitung zum Unglücklichsein. 14. Aufl. Piper, München

Zienert, H.-J. (1992): Pubertät, was tun? In: Beratungslehrer-Info 4 (S. 16-19). Hrsg. v. Amt für Schule, Hamburg

Internetadressen

www.bafm-mediation.de
Bundesarbeitsgemeinschaft für Familienmediation e. V.: Adressen von Mediatoren, Ausbildung

www.bke.de
Bundeskonferenz für Erziehungsberatung e. V.: Beratungsstellen, Onlineberatung

www.dajeb.de
Deutsche Arbeitsgemeinschaft für Jugend- und Eheberatung e. V.: Kurse für Berater, Info-Broschüren, z. B. „Eltern bleiben Eltern"

www.familienbildung.de
Bundesarbeitsgemeinschaft Familienbildung und Beratung e. V.: Informationen über Familienbildungstätten, Ausbildung zum Elternberater (auch online), örtliche Familienbildungsstätten (oder auch Elternschulen, Familienforum u. a.), bieten Elternkurse, Kinderbetreuung und persönliche Betreuung an.

www.familienhandbuch.de
Familienhandbuch des Staatsinstituts für Frühpädagogik: Stellungnahmen zu Einzelthemen von Familien, auch zu juristischen Fragen

www.starkeEltern-starkeKinder.de
Elternkurse des Deutschen Kinderschutzbundes e. V.: Elternkurse, Materialien sowie Angebote für Ausbildung und Fortbildung

www.vaeter.de
Väter e. V.: Kontakte, Infos, Verantstaltungen

www.vamv.de
Verband alleinerziehender Mütter und Väter Bundesverband e. V.: Information zu Rechtsfragen, politische Aktionen, Broschüren, z. B. Muster für Sorgevereinbarungen

Sachregister

Elternpakt
– Ziel und Vorgehensweise 54f
– Themen 55f, 92
Erziehungsverantwortung 38f, 45, 56, 136

Familiensysteme 16f, 19f, 84, 134f
Familienleben konkret
– Ziele, Bedürfnisse 36
– Restfamilie 19f, 23f, 75f
– Familienkonferenz durchführen 41, 103f, 111
– resilientes Verhalten 146
– Wertschätzung üben 155
– Persönliche Stimmung beobachten 156
– weitere Anregungen 41f, 80f, 82f, 161f

Großeltern 41, 113f, 123, 141f

Kinderbetreuung, Anregungen und Übungen
– Verständnis für Jugendliche 72f
– Kinder werden Gewinner 79, 118, 162
– Reaktionsformen auf Pubertierende 73f
– Unterschiede und Anderssein wahrnehmen 96f
– Konsequenz / Inkonsequenz? 109f
Kommunikation
– Tipps und Strategien 22f, 50, 58f, 61f, 158
– Quadratgespräch 59f
– Zwiegespräch 26f
– Aktives Zuhören 106f
– Auf Gefühle eingehen 107f
– Ich-Botschaften 108
– Empathie zeigen 109

Lösungsorientiertes Denken 83f, 114f, 156f
Loyalitätsprobleme
– Kinder / Eltern 43f, 46f, 88f, 91f, 97, 128, 131f
– Eltern untereinander 48, 53f, 55f

Paarbeziehung intensivieren
– Kennenlernphase 21, 22f, 25f
– Miteinander im Kontakt 36
– Umgang mit Stress 29f
– Aufmerksamkeit und Wertschätzung 155f
– Das Anderssein würdigen 97, 153

Soziale Kompetenz entwickeln 159f
Stärken beachten
– Positive Erfahrungen wahrnehmen 113
– Optimismus pflegen 154f
– Denkblockaden überwinden 152, 157
– Positive Seite sehen 153
– Persönliche Stimmung beobachten 156

(außenlebender) Vater: Kontakte 50f, 53f, 56f, 86f
Verlässlichkeit 37, 75f, 122, 159

Wohnen abstimmen 103f, 142f

Leseprobe

Friedhelm Schwiderski (Hg.):
Beziehungsweise glücklich.
Profi-Tipps von Paartherapeuten (S. 19–23)

Die Situation der Paare von heute

Wir leben heute im Zeitalter der *Informationsgesellschaft*, in der unser Wissen das zentrale Gut darstellt. In Anbetracht der weltweiten Wissensexplosion gibt es niemanden mehr, der von seinem Wissen her auf einem umfassenden und aktuellen Stand sein kann. Daher ist es heute für den Einzelnen und für das Paar wichtig, über so viel *maßvolles und angemessenes* Wissen über das Beziehungsleben zu verfügen, wie für ein *lebendiges Paarleben* nötig ist. Wir möchten mit diesem Buch dazu einen Beitrag leisten!

Wichtig ist es dabei, auf die eigene Wahrnehmung und das eigene Wissen zu vertrauen und nicht allzu blind an das sogenannte Expertenwissen zu glauben, denn das schwächt das Selbstvertrauen und jegliche *Eigeninitiative*. Es gibt also mindestens zwei Wege, mit Paarkonflikten umzugehen, die sich durchaus auch gegenseitig befruchten und ergänzen können: den professionellen und den eigenständigen Weg.

Das Paar lebt nicht für sich allein auf einer einsamen Insel, es lebt in einem gesellschaftlichen und politischen Umfeld und wird durch dieses Umfeld beeinflusst: Wir werden so wie die Verhältnisse, in denen wir leben. Auf der anderen Seite beeinflusst das Paar aber auch die Gesellschaft dadurch, dass es zum Beispiel die nächste Generation in die Welt setzt und damit erschafft, und zwar körperlich und auch seelisch-geistig.

www.reinhardt-verlag.de

Wir leben im Zeitalter der *Globalisierung*. Eine Wirkung der Globalisierung scheint der *Bruch von sozialen Bindungen* zu sein. Zunächst zerfielen die traditionellen Sozialbeziehungen wie die Ehe, die Familie, die Großfamilie oder die Gemeinde. Doch auch die Wahlbeziehungen zu unseren Liebes- und Lebenspartnern sowie zu unseren Freunden und Freundinnen sind inzwischen davon betroffen. Eine *Vielfalt von neuen Lebens- und Liebesformen*, d. h. von Beziehungsformen, ist zu beobachten: Die Anzahl der Single-Haushalte, Wohngemeinschaften und Haushalte Alleinerziehender hat drastisch zugenommen, viele Partner leben ohne Trauschein zusammen und gründen eine Familie. In diesem Fall hat sich die Ehe von der Familie abgespalten, wir gehen Lebensabschnittspartnerschaften ein, d. h. Beziehungen auf Zeit (die ihre direkte Entsprechung in der Arbeitswelt in Form der Zeitarbeit finden) und neben den schon erwähnten Scheidungen gibt es eine Vielzahl von stillen, einvernehmlichen Trennungen sowie all die Paare, die in ihrer Beziehung unter Beziehungslosigkeit leiden.

Traditionen haben sich verändert, *Werte und Normen* haben sich gelockert und sind heute frei bestimmbar, ohne dass die Betreffenden gesellschaftlich geächtet werden. Sehr viel ist sozusagen „erlaubt", was für die Partner bedeutet, gemeinsam ihre Werte und gelebte Normen finden zu müssen, damit sie nicht in Orientierungslosigkeit untergehen. Und dafür braucht es Zeit, Zeit für den Einzelnen zum Nachdenken und für das Paar für gemeinsame Gespräche – und genau die fehlt in der Regel! Faktoren, die heutige Paare belasten und mit zum Scheitern geglückter Paarbeziehungen beitragen, sind:

- das weitverbreitete *Leistungsprinzip* (z. B. wirtschaftlicher Druck in den Unternehmen, der von den Mitarbeitern Flexibilität und Mobilität fordert; wir müs-

www.reinhardt-verlag.de

sen funktionieren, oftmals auch im privaten Bereich!) und hohe *Arbeitslosigkeit*;
- Vernachlässigung des Prinzips der *Lebendigkeit* („die vier Ls": das sind Leben, Lust, Liebe und Lernen);
- Zeit- und Kommunikationsmangel;
- Ablenkung durch Massenmedien (mehr als 5 Stunden pro Tag pro Bundesbürger!) und eine umfassende Freizeitindustrie;
- Mangel an guten Vorbildern für geglücktes Paarleben (Generationenwirkung), d. h. viele wachsen mit Eltern auf, die selbst schon sprachlos sind;
- Überlastung des Paares durch Vorstellungen von Liebe (Liebesheirat statt Vernunftheirat; unrealistische Bilder von Ehe);
- Verletzungen in der Kindheit, die als „unerledigte Geschäfte" in die Gegenwart hineinregieren;
- unbearbeitete, normale und unvermeidliche Paarkrisen (z. B. Paarbildung, Familiengründung, Altersphase);
- psychosoziale Beschleunigung (z. B. Hektik, Stress, rascher Rollenwandel der Geschlechter);
- die Schwierigkeit, eigene Bedürfnisse wahrzunehmen und zum Ausdruck zu bringen, ohne Schuldgefühle zu haben;
- eine häufig zu beobachtende leichte Kränkbarkeit des Einzelnen und aus dem Gefühl des Gekränktseins die Tendenz, den anderen zu kränken und zu verletzen;
- ungünstige Kombination zweier Lebensgeschichten (z. B. ein freiheitsliebender Partner und ein Partner mit Verlustangst);
- Konfliktunfähigkeit der Partner, die verhindert, auf den anderen mit Wertschätzung einzugehen, und auf Dauer Wut erzeugt.

www.reinhardt-verlag.de

Aus all diesen vielen Hemmnissen, die einer gelungenen Paarbeziehung im Wege stehen können, wird ersichtlich: Jedes Paar sollte für sich versuchen, seine Liebes- und Lebensbedingungen positiv zu verändern und sich damit unter den bestehenden gesellschaftlichen Verhältnissen ein „Paarreservat" schaffen, in dem ein für beide Seiten befriedigendes und glückliches Paarleben möglich ist.

Was tun bei Sprachlosigkeit?

Oft und besonders wenn Kinder da sind, wird nur wenig der Versuch unternommen, für die Beziehung zu kämpfen, sich auseinander zu setzen und gemeinsame neue Wege zu finden.
Dabei ist erwiesen, dass bis zu 70 % der Paare ihre Beziehung retten könnten. Die wichtigste Regel hierbei ist: die Achtung voreinander bewahren!
Es hilft, sich zu fragen: Wie möchte man gerne, dass der Partner mit einem umgeht? Genauso sollte man selbst dann auch versuchen, seinen Partner zu behandeln. Denn: Wenn man seinen Ärger nur rausschreit und den Partner mit Wutausbrüchen verletzt, schadet man auch sich selbst. So ein Streit führt meistens zu keinem Ergebnis, er kann die Beziehung zerstören. Natürlich ist es wichtig, die eigene Wut wahrzunehmen, im nächsten Schritt sollte aber überlegt werden, wie man sie nutzen kann, z. B. in einem ruhigen, klärenden Gespräch.
Viele Paare praktizieren seit Jahren die Variante „einer redet, der andere hört *nicht* zu". Dabei ist es wichtig, sich auszutauschen: über grundlegende Fragen genauso wie über Kleinigkeiten. Vor allem die vielen banalen Bemerkungen im Alltag stärken die Gemeinsamkeit.

www.reinhardt-verlag.de

Was aber, wenn die Kommunikation einfach nicht klappt, die Krise so weit fortgeschritten ist, dass kein ruhiges, normales Gespräch mehr möglich ist?

Oft hilft es dann, das Medium zu wechseln, beispielsweise könnte jeder einen Brief schreiben, in dem über die eigenen Wünsche und Gefühle berichtet wird. Manchmal hilft es auch, das Gespräch an einem neutralen Ort zu führen, z. B. bei einem Spaziergang. Selbst solch kleine Veränderungen können bereits eine entspanntere Atmosphäre schaffen.

Manchmal kann auch eine Trennung auf Zeit eine gute Möglichkeit sein, über die Partnerschaft nachzudenken. Sinnvoll ist eine solche Trennung jedoch nur, wenn ein festgelegtes Ziel damit erreicht werden soll. Dadurch wird ein Paar dazu gezwungen, über die Beweggründe der Trennung nachzudenken, wenn z. B. die gegenseitigen Verletzungen so stark sind, dass jeder erst einmal seine Wunden schließen muss. Die Zeit wird also nicht genutzt, um sich abzulenken, sondern um sich wieder aufzubauen, z. B. wenn ein Partner in der Trennungszeit eine Alkoholtherapie macht, um dem anderen zu beweisen, dass er es ernst mit seiner Abstinenz meint.

Trennung auf Zeit ist hingegen nicht sinnvoll, wenn das Ziel darin besteht, sich über seine Gefühle klar zu werden, wenn ein Partner einmal allein sein will oder seinen Freiraum braucht. In der Regel steckt dahinter nur eine sanfte Form des endgültigen Abschieds. Wenn Fehler in der Partnerschaft gemacht worden sind, sollten sich die Partner erst einmal folgende Fragen stellen, bevor sie sich vorübergehend trennen:

- Warum deshalb eine Trennung – wozu soll das gut sein?
- Warum diese Form des Rückzugs? Denn jeder Rückzug erschwert unter Umständen die Möglichkeit, wieder aufeinander zuzugehen.
- Warum nicht eine Problemlösung gemeinsam vor Ort?

www.reinhardt-verlag.de

Erste und vor allem weitere Hilfe in der Partnerkrise – bevor es zu einer Trennung auf Zeit oder für immer kommen muss – finden Paare in einer Beratungsstelle oder beim Paartherapeuten. Siebzig Prozent aller Paare, die rechtzeitig zu einer Beratung oder Therapie gehen, können ihre Beziehung retten und bleiben zusammen.

Leseprobe aus (S. 19–23)

Friedhelm Schwiderski (Hg.)
Beziehungsweise glücklich
Profi-Tipps von Paartherapeuten
2. Aufl. 2009. 163 Seiten.
(978-3-497-02114-7) kt

www.reinhardt-verlag.de

Mit Schwung in den Ruhestand

Inga Bethke-Brenken / Günter Brenken
Aufbruch in den Ruhestand
Anleitung zum Gestalten und Genießen
2010. 248 Seiten.
(978-3-497-02150-5) kt

Dieser Ratgeber zeigt, wie sich der Ruhestand kreativ gestalten lässt. Acht Verhaltenstypen stehen Pate, um einseitige Lebensmuster zu entlarven, Trägheit und Unentschlossenheit zu überwinden und sich in neuen Aufgaben, z. B. ehrenamtlicher Tätigkeit, zu bewähren.
Leserinnen und Leser entdecken mit diesem Buch, welche Lebensbereiche für ihr Wohlergehen wichtig sind und wie sie diese nach eigenen Wünschen und Zielen formen können.

www.reinhardt-verlag.de

Brisantes Thema: Internet-Mobbing

Karl E. Dambach
Wenn Schüler im Internet mobben
Präventions- und Interventionsstrategien gegen
Cyber-Bullying (»Kinder sind Kinder«; 36)
2011. 122 Seiten. 5 Abb. 4 Tab.
(978-3-497-02209-0) kt

Cyber-Bullying bzw. Mobbing per Internet, E-Mail und Handy ist ein wachsendes Problem unter Kindern und Jugendlichen. Der Autor schlägt eine Feedback-Kultur im Klassenzimmer vor. So lernen die SchülerInnen, sich gegenseitig Rückmeldung zu geben und ihre Kritik am Lehrer und an den Mitschülern direkt vorzubringen. Sie müssen sich nicht mehr zu Hause über das Internet Luft machen. Neben der Förderung des sozialverantwortlichen Handelns durch den Unterricht werden auch die Zusammenarbeit mit den Eltern und das Coaching von Mobbing-Opfern thematisiert. Konkrete Beispiele zeigen die praktische Umsetzung.

www.reinhardt-verlag.de

Mit zahlreichen Gute-Nacht-Geschichten

Helena Harms
Mit Wolkenschäfchen in den Schlaf
Ratgeber für ausgeschlafene Eltern und ihre Kinder
(»Kinder sind Kinder«; 34)
2009. 117 Seiten. 9 Tab.
(978-3-497-02059-1) kt

Die Autorin zeigt, wie Eltern ihre Kinder liebevoll und behutsam auf ihrem Weg zum guten Schlaf begleiten. Sie erklärt, wie man mit Albträumen umgeht, Streitigkeiten um das Ins-Bett-Gehen entschärft und kleine Energiebündel schnell und sicher zur Entspannung bringen kann. Neben wichtigen Informationen über Schlafverhalten und Biorhythmus bei Kindern leiten zahlreiche Gute-Nacht-Geschichten zu einem Entspannungsritual an.

www.reinhardt-verlag.de